「桜を見る会」疑惑

赤旗スクープは、こうして生まれた！

しんぶん赤旗日曜版編集部 著

新日本出版社

目次

はじめに

「総理が何百人も集め、前夜祭までやっていることは、あなたも知っているでしょう」

「桜を見る会」疑惑の追及は、自民党幹部の言葉から始まりました。

各界で功績、功労があった方々を招待するとして毎春、開かれていた「桜を見る会」。多額の税金を使った首相主催の公的行事です。そこに、主催者である安倍晋三《しんぞう》首相が、地元・山口県から約８００人もの後援会関係者らを招待していました。しかも桜を見る会の前日には、高級ホテルで、後援会主催の前夜祭まで開いていました。まさに驕《おご》りに満ちた権力を象徴するようなできごとです。

ありとあらゆる「公」のものを「私物化」してきた安倍政権。国政「私物化」は、安倍首相の政治的本質です。「森友《もりとも》・加計《かけ》」疑惑では文部科学行政を私物化し、安保法制強行では憲法を私物化しました。桜を見る会疑惑では、公的行事を私物化。国民の血税を使って自らの後援会員に飲ませ食わせするという、国民への〝背任〟行為です。同じことを安倍首相が自分のお金でやったら、河井克行《かつゆき》・前法相と妻の案里《あんり》参院議員による巨額買収事件と同じ構図になりかねません。

桜を見る会疑惑はまさに安倍首相本人に直接かかわる重大疑惑です。自民党閣僚経験者はいいます。「安倍さんは、自分が首相を辞めたあと、この問題が刑事訴追されないか本当に心配している。黒川弘務《ひろむ》・元東京高検検事長の定年を延長し、検事総長にしようとしたのも、この問題があるからだと聞いている」

本書は、安倍首相を直撃した桜を見る会疑惑スクープの誕生と追及の記録です。なぜ日本共産党の機関紙である赤旗日曜版がスクープできたのか。その「秘密」をすべて明らかにしています。

欧米では「ベリングキャット」と呼ばれる市民ジャーナリズムが注目されています。インターネットや報道、公文書など、誰でも合法的に見ることができる公開情報（オープンソース）を分析し、２０１４年7月のマレーシア航空機撃墜事件の真相に肉薄したからです。この調査手法は「オープンソース・インテリジェンス」（Open Source Intelligence=OSINT、略称オシント）と呼ばれメディアの調査報道にも使われています。

桜を見る会疑惑のスクープも、オシントを駆使しました。インターネット上でみつけた桜を見る会の情報を分析し、それを首相の地元・山口県下関《しものせき》市での参加者や関係者への直接取材に生かし、真相に迫っていきました。その取材経過についても本書は、できるだけ詳しく記しています。そのことで権力監視のためのメディアの調査報道が、より発展することを願っているからです。

桜を見る会の報道について私は、法政大学キャリアデザイン学部の上西充子《うえにしみつこ》教授と対談する機会がありました。上西教授は、街頭で国会中継を流しながら解説を加える活動「国会パブリックビューイング」の代表です。上西教授が私との対談で強く関心を持っていたことがありました。桜を見る会の実態を知っていたはずの大手メディアではなく、なぜ実態を知らなかった赤旗がスクープできたのか、という疑問です。

桜を見る会が国政の大問題になっていた19年の11月20日夜、東京・平河町《ひらかわちょう》の中国料理店で内閣記者会加盟報道各社のキャップが安倍首相と懇談していました。毎日新聞などは欠席したものの、大半の大手メディアは出席しました。大手新聞の幹部は自戒をこめて語ります。「桜を見る会や前夜祭の実態を大手メディアはみんな知っていた。しかし、『首相主催だからしかたない』とそれ以上の問題意識を持たなかった。『私物化』という視点がなかったからだ」

日曜版が桜を見る会疑惑をスクープしても、大手メディアは一切、後追い取材をしませんでした。日本共産党の田村智子《ともこ》副委員長（参院議員）が国会で質問しても、大手メディアは大きく報じませんでした。そのような状況を変え、大手メディアを動かしたのが、検察庁法改定反対でも大きな力を発揮した、インターネット上の短文投稿サイト「ツイッター」などSNSでの発信と、国会での野党共闘での追及でした。それを受けテレビのワイドショーが大きく取り上げ、この動きを受け大手メディアがいっせいに報じ始めたのです。この経過は日本のメディアの現状や、それを変える力がどこにあるのかを示しています。

日本共産党の機関紙である赤旗日曜版は毎週1回、タブロイド判36ページで発行しています。政治、経済、社会問題をはじめ、文化、芸能、料理などの記事を掲載しています。編集部員は四十数人。大手メディアと比べると人数はたしかに少ない。それでも、どの分野の担当者も、大手メディアには絶対負けない、との気概で毎号の日曜版をつくっています。本書を通し、その心意気が少しでも伝われば幸いです。

2020年8月15日

しんぶん赤旗日曜版編集部　編集長　山本豊彦《とよひこ》

追記

安倍首相は8月28日、辞任を表明しました。しかし「桜を見る会」疑惑は、首相による公的行事の私物化です。辞任で幕引きとはいきません。真相解明へ向け私たちは引き続き追及を続けます。

第一章　どうやってスクープは生まれたか

■明け方のツイッター

２０１９年９月24日火曜日。赤旗日曜版デスクの山田健介《けんすけ》はひどい咳《せき》で目が覚めました。スマートフォンで時刻を見ると午前５時前。断続的に咳が出て寝つけないためネット検索をしていると、ツイッターの、ある投稿が目にとまりました。

「台風災害は無視して自分のシンパを集める『桜を見る会』には血税大盤振る舞い」

市民が投稿したとみられるこのツイートは、９月上旬に千葉県に上陸した台風15号被害への政府対応と桜を見る会を比べ、安倍晋三首相を批判するものでした。

災害取材のデスクだった山田。住宅再建支援を求める切実な住民の声を、取材記者から聞いていただけに、「血税大盤振る舞い」という言葉が気になりました。

ツイッターで「桜を見る会」を検索すると、検索結果に、日本共産党の宮本徹《とおる》衆院議員のツイートがありました。３日前の９月21日に投稿されたものです。

内閣府の概算要求をみてびっくり。先の国会で、総理主催の「桜を見る会」への支出が予算の３倍に膨張していることを追及しましたが、予算に合わせて支出を減らすのでなく、支出に合わせ概算要求が１７６６万円から５７２８万円へ、３・24倍化。政権浮揚のため招待基準も不透明なまま招待客をさらに増やすのでしょうか。【資料１】

このツイートは投稿から3日で、1万近くリツイート（他者に広める投稿）されていました。

内閣府の公的行事である桜を見る会。第2次安倍政権発足後の13年以降は毎年春、新宿御苑《ぎょえん》で開かれていました。例年1万人前後だった参加者が安倍政権になってから増え続け、19年には1万8200人。18年度には予算の3倍の5229万円が支出され、国会では予

資料1　取材班が「桜を見る会」の異常さに気づく契機になった日本共産党宮本徹議員のツイート

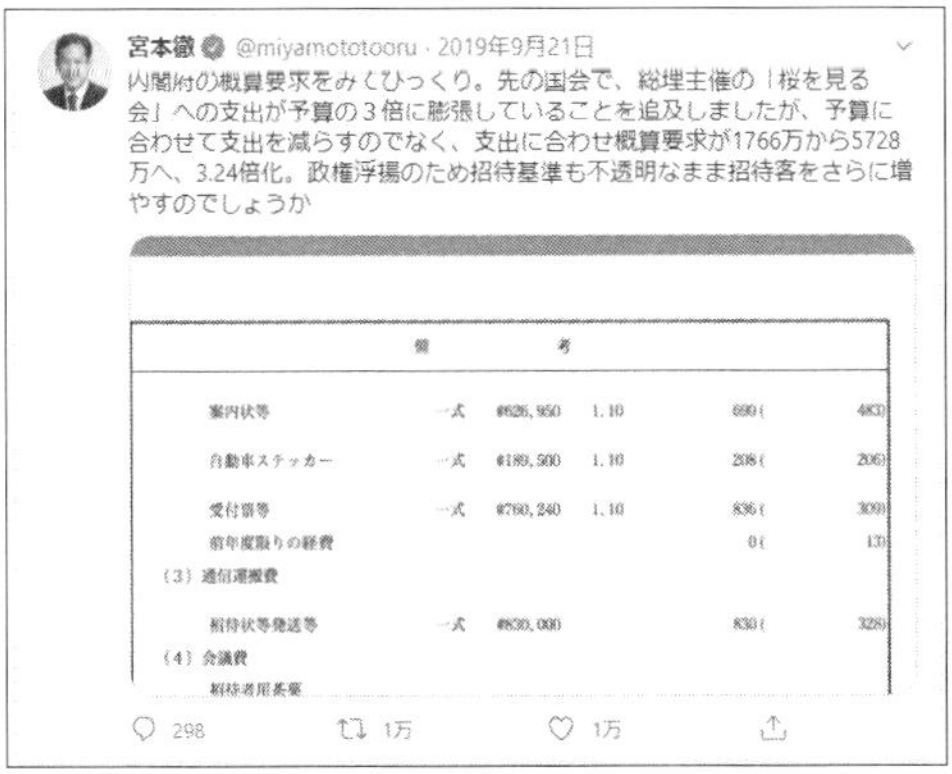

（出所）2019年9月21日、宮本氏のツイートから。

図1　桜を見る会の支出と参加者数

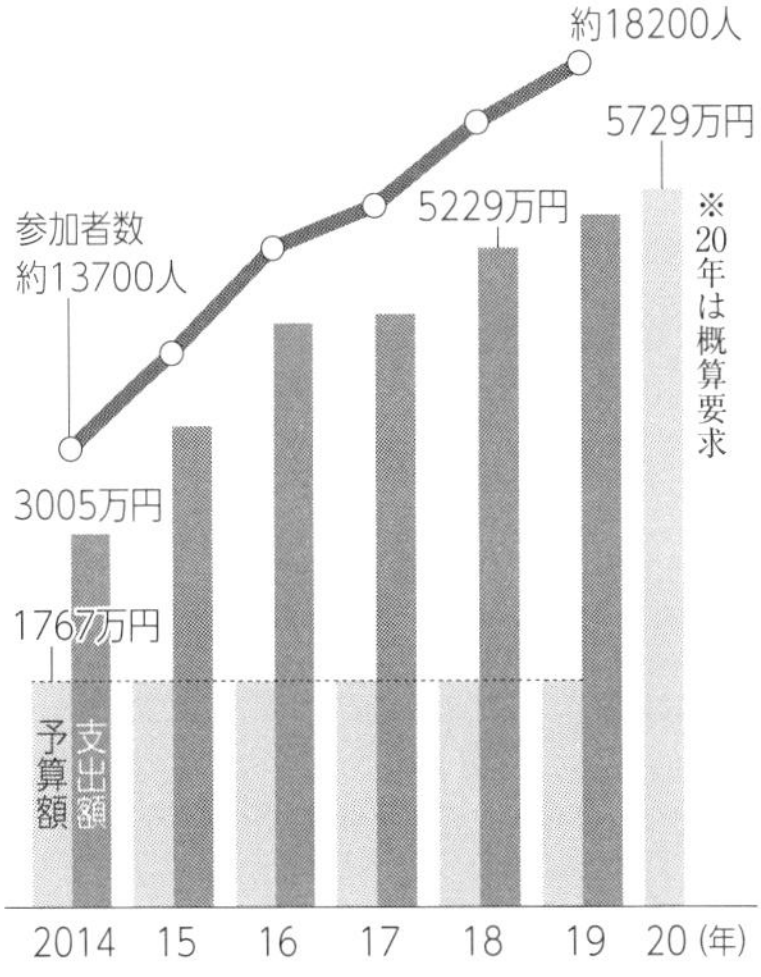

算を大幅に超える支出が大問題になっていました。すると政府は9月末、20年度予算の概算要求額を、19年度予算の約3倍、５７２９万円にしました。増え続けた参加者数に合わせる形で予算を膨張させたのです。政権の驕りのあらわれではないのか――。【前ページの図1参照】

こうした問題のありそうな事業や事件が出てきた場合、デスクの山田は必ず「自民」という単語と組み合わせてネット検索をしています。その習慣を何年も続けていると、思わぬ取材の端緒に巡り合います。

いつものように「桜を見る会」「自民」と検索すると、自民党国会議員らのブログやフェイスブックがぞろぞろ出てきました。そのなかに「後援会の皆様と参加」というフレーズがありました。

「後援会」という単語が気になりました。「なんで公的行事の桜を見る会に、自民党議員の後援会員が参加しているのだろうか？」との疑念が……。ざっと見ただけでも「桜を見る会」には、議員とともに相当数の後援会員が参加していました。

自民党の世耕弘成《せこうひろしげ》参院議員（元経済産業相）のホームページ（ＨＰ）上の「後援会ニュース」は、「和歌山のために」というタイトルで、「ふるさと和歌山のために様々な活動を行っています」と記載。安倍首相と世耕氏を多数の女性が囲んだ記念写真を掲載していま

した。その説明書きには「『桜を見る会』にて地元女性支援グループの皆さんと」とありました。【資料2】

早朝、山田は世耕議員の後援会ニュースの画像を添付したメールを編集長の山本豊彦に送信。「和歌山の後援会員を招待し、自身のニュースで『和歌山のために』と宣伝している。桜を見る会が、与党・閣僚の議員の後援会員サービスや宣伝に一役買っているかたち」と伝えました。

資料2　世耕議員が後援者らと「桜を見る会」に参加したことを伝える「後援会ニュース」

（出所）世耕氏の後援会ニュース2016年新年号。画像は一部加工。

■自民幹部の告白

山田からのメールを目にした山本。森友・加計疑惑につづく安倍政権による行政の私物化ではないかと考えました。

宮本議員は19年5月、国会で桜を見る会の参加者や支出の増加について追及しました。ところが予算に厳しいはずの財務省は「内閣府に聞いた方がいい」と答弁。宮本議員に「アンタッチャブルにしなきゃいけないのか」と問いつめられても何も答えませんでした。こうした財務省の態度に山本は「これは何かある」と感じていました。

「桜を見る会」に自民党議員の後援会員が大量参加し、それにあわせるように内閣府は概算要求で前年度予算の3倍を要求しています。公的行事を自民党が「私物化」し、そこに後援会員を大量に招待しているのではないのか――。山本は、さっそく取材に入りました。自民党関係者を回る中で、桜を見る会に自民党の招待枠があることがすぐにわかりました。そのことを詳しく聞くために自民党幹部を訪ねました。

「桜を見る会に自民党の招待枠がありますね」

「あるよ。自分も枠を使って、後援者と一緒にいったことがあるよ。でも何人かだ。安倍さんのところはすごいよね。前夜祭までやっているんだから。知ってるんだろ？」

「えっ？　そんなことやっているんですか？」

「前夜祭は後援会主催で、桜を見る会の前の晩にホテルニューオータニでやっているよ。何百人も集まっている。次の日にはみんなで桜を見る会に行くんだよ」

桜を見る会に、安倍首相の後援会関係者を数百人規模で招待し、しかも前日にはホテルで前夜祭まで開いている――。耳を疑った山本。しかし自民党幹部は、「そんなことは誰でも知っているよ」といいます。

この証言を裏づけるため、山本はただちに数人の記者に指示を出しました。桜を見る会の基礎資料を集め、前夜祭についても会費や参加者数などを調べる必要があるからです。桜を見る会「取材班」の始動です。

■内閣府の資料はA４判１枚

桜を見る会の基礎資料を集めるよう編集長から指示を受けた記者の本田祐典《ゆうすけ》。9月25日、日本共産党の宮本議員の事務所に電話で問い合わせました。国会秘書に知人が多く、議員事務所と連携した取材経験も豊富な本田。5月に国会で質問している宮本事務所ならば、桜を見る会の関係資料を入手しているはずと考えたからです。新しい取材テーマに取り組むとき、国会秘書と赤旗記者のこうした連携は欠かせません。それが赤旗の強みです。

同日、本田が宮本事務所を訪ねると、ベテラン秘書は「とんでもない公文書隠しが起きている」と語りました。手元にあるのはA4判1枚の「開催要領」だけだというのです。宮本議員は5月の質問を準備するにあたって、桜を見る会にどのような人を招待しているのか、その基準が分かる文書などを政府に資料要求しました。ところが、内閣府が提出してきたのは、この1枚だけでした。

本来、行政が作成した文書は公文書管理法にもとづく省庁横断の統一ルールで管理することになっています。保存期間を定めて保管し、それぞれ管理簿を作成します。桜を見る会の文書も当然、このように管理されているはずです。

しかし安倍政権は、「森友・加計」疑惑でも明らかなように、自分たちにとって不都合な〝公文書〟を平気で隠し、改ざんします。

桜を見る会でも同じようなことを安倍政権はしていました。のちに明らかになりましたが、宮本事務所が19年5月9日に桜を見る会の資料を要求した直後、ひそかに招待者名簿をシュレッダーにかけて破棄していたのです。

国民の血税を使った公的行事なのに、政府は説明もしないし、公文書も出さない。それなら、自分たちでとことん調べるしかありません。

■インターネットで情報収集

安倍政権が桜を見る会の行政文書を公開しなくても、インターネット上で公開情報を集めることは可能です。取材班は、安倍首相が後援会関係者を多数、桜を見る会に招待していることを裏付ける情報の収集にあたりました。すぐに首相の地元、山口県からの参加者の投稿を見つけました。

藤井律子《りつこ》・周南《しゅうなん》市長（山口県）が山口県議だった当時のブログ（14年4月22日）です。

「4月12日、東京の新宿御苑で安倍晋三首相の『桜を見る会』が開催され、私もご案内をいただき出席いたしました」「式典が始まる前には、山口県からの参加者と一緒に、首相ご夫妻との写真を撮っていただきました」と書かれています。**【資料3】**

こうしたブログについては、削除されることを予想してあらかじめ〝証拠〟として保存します。実際、このブログは報道後に削除されました。

資料3　山口県からの参加者が優遇されたことを示すブログ

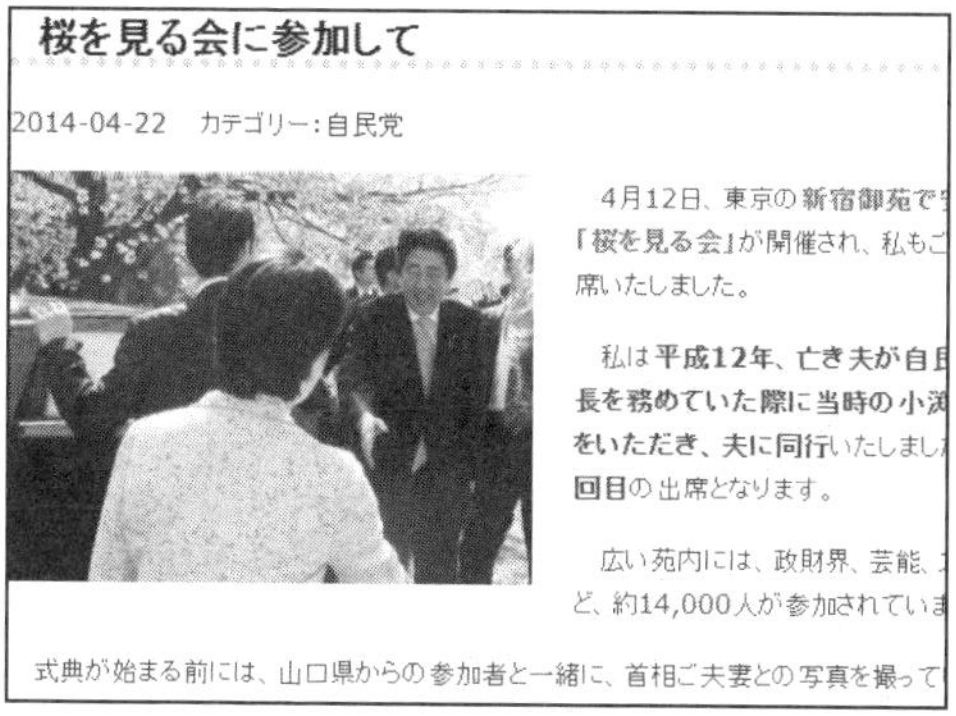
桜を見る会に参加して
2014-04-22　カテゴリー：自民党
4月12日、東京の新宿御苑で安
「桜を見る会」が開催され、私もご
席いたしました。
私は平成12年、亡き夫が自民
長を務めていた際に当時の小渕
をいただき、夫に同行いたしまし
回目の出席となります。
広い苑内には、政財界、芸能、
ど、約14,000人が参加されていま
式典が始まる前には、山口県からの参加者と一緒に、首相ご夫妻との写真を撮って

（出所）2014年4月、藤井律子・山口県周南市長（当時は県議）のブログから。

19年の「首相動静」にも、こんな記述がありました。

「**【午前】**7時48分、東京・内藤町《ないとうまち》の新宿御苑。49分、昭恵《あきえ》夫人とともに警視庁幹部、前田晋太郎《しんたろう》山口県下関市長、地元の後援会関係者らと写真撮影」（「朝日」19年4月14日付）

安倍首相の後援会関係者は間違いなく、桜を見る会に参加しています。しかも式典の開始前に安倍首相は後援会員らと記念撮影までしていました。しかし、参加した後援会関係者の規模まではわかりません。

ここで編集長の山本が自民党幹部から聞いた「前夜祭」というキーワードが糸口になりました。デスクの山田が「桜を見る会」「前夜祭」という単語を組み合わせてネット検索すると、金屏風《きんびょうぶ》の前で安倍首相夫妻と写した記念写真がいくつも出てきたのです。その なかの一枚に、高級ホテルの宴会場で立食パーティーをしている写真がありました。説明には「1000人程のお客様」とあります。19年の「桜を見る会前夜祭」に招かれてステージに立ったシャンソン歌手のブログ（19年4月13日）でした。ブログには「昨日安倍総理大臣の『桜を見る会』前夜祭がホテルニューオータニ東京（原文ママ）鶴の間にて開催。シャンソン、ラテンに交えてオリジナル新曲も歌わせていただきました」との記述もあります。

シャンソン歌手は、式次第の画像も投稿していました。式次第には「事務所スタッフ」の文字が。編集長が自民党幹部から聞いた通り、これは安倍事務所スタッフなのか――。

同日の首相動静を調べると、やはり記載がありました。

「6時33分、東京・紀尾井町《きおいちょう》のホテルニューオータニ。宴会場『鶴の間』で昭恵夫人とともに『安倍晋三後援会　桜を見る会前夜祭』に出席」（「朝日」19年4月13日付）

「安倍晋三後援会　桜を見る会前夜祭」という会の名称からして、公私混同そのもの。

大手メディアの首相動静の欄にここまで堂々と掲載されていようとは思いもしませんでした。山田は、記者らにこの情報を伝えることにしました。

数年前から、デスクの山田と数名のメンバーは取材の際、インターネット上で複数が同時に接続してやり取りできる「グループチャット」を使っています。もともとは災害取材時に立ち上げたもの。取材指揮するデスクと現地取材の記者、後方支援の記者が同時に情報を共有する必要があるからです。取材の際の連絡は従来、電話やメールでした。しかし電話は運転中や取材中はチェックできません。メールでは作業が煩雑で行き違いが生じます。そのためグループチャットを活用しました。

グループチャットが、桜を見る会取材で役立ちました。ひとりの記者が何かを発見して「こんな事実がありました」と投稿。すると別の記者が「こんなのもあったよ」と返す。また「これがそうかもしれません」との投稿に「いやそれは違うんじゃない?」とコミュニケーションをとりながらひとつの物事を調べていきました。

山田はグループチャットに、シャンソン歌手のブログ記事を示して「歌手を呼んでる。1000人規模。金がかかってるが計上はどこで?」と書き込みました。

この投稿を受けた他のメンバーがさらに別の参加者の投稿を調べると「安倍晋三後援会桜を見る会前夜祭」という案内板の写真が見つかりました。**【次ページの資料4】**

資料4　会場前に置かれた「安倍晋三後援会　桜を見る会前夜祭」の案内板

（注）2019年４月12日、東京都千代田区のホテル。
（出所）自民党山口県周防大島青年部の吉村忍町議のフェイスブックから。

自民党幹部が言っていた、安倍首相の後援会関係者が、桜を見る会に数百人規模で招待され、前夜祭まで開いていたことの〝証拠〟が次々に集まってきました。

ところが、前夜祭を主催していたはずの安倍晋三後援会の政治資金収支報告書をみても、前夜祭の会場代などといった支出は記載されていません。前夜祭参加者が支払ったはずの参加費の収入の記載もありません。後援会以外の団体で支出した可能性も考え、本田は首相の政党支部や資金管理団体など関係政治団体の収支報告書をくまなく確認しました。いずれも前夜祭に関する収支の記載はありません。安倍首相の後援会が収支報告もせずに大規模なパーティーをおこなっていたなら、それ自体が違法ではないか……。

本田はグループチャットに書き込みました。「政治家の名前で地元有権者に財物を与えた場合、公選法違反の疑い」「『後援会』イベントであれば、政治団体の届け出や収支報告が必要。規正法違反か」「公選法違反については、出席者による対価の支払いも要確認。出席者の特定を続けます」

調査報道をする際、記者は初動段階でデスクから「専門家の意見を聞け。違法性や規則違反を確認しろ」と指示されます。初動段階で見立てを誤ると、取材方向を誤りかねないからです。

取材班は、神戸学院大学の上脇博之《かみわきひろし》教授に連絡しました。上脇教授は「政治とカネ」の問題の第一人者です。前夜祭について説明すると、上脇教授は公職選挙法違反（買収）と政治資金規正法違反（不記載）にあたる可能性を指摘しました。報道した場合に想定される首相側の反論まで予見してくれました。どうやら取材班の見立ては間違っていなかったようです。しかし前夜祭の会費やパーティーの内容など、記事にするまでに確認すべきことはまだまだ山積みでした。

そこで、デスクの山田は改めてグループチャットで、安倍首相の後援会関係者探しの重要性を提起。取材班は、安倍首相の選挙区・衆院山口4区（山口県下関市、長門《ながと》市）の有権者、後援会関係者に情報収集の対象をしぼりました。

ある下関市の有権者は、安倍晋三後援会が開いた「桜を見る会前夜祭」の会場内で複数の知人らと記念撮影し、それを自身のブログに掲載していました。

こうした写真から、さらに複数の参加者が特定できることもあります。本田は「〜の仲間」という記載を手掛かりに、容貌の特徴や、ほくろの位置などを照合。1人がわかると、そこから芋づる式にもう1人。こうして桜を見る会に参加した地元有権者10人とその連絡先などが確認できました。

■首相の地元下関へ

取材班は、安倍首相の地元に入り、後援会関係者に直接取材することを決めました。ネット上には、桜を見る会の写真こそ大量に存在していました。しかし参加の経緯や前夜祭の会費などは、ネットからはわかりません。記事にするには参加者への直接取材が必要です。最初に現地に入ったのは、取材班でいちばん若い二十代の記者、笹川神由《ささがわかみゆ》でした。笹川は、取材で年配の人に気に入られ、重要な証言をする人物に出会う〝引き運〟の強さを持っています。

赤旗記者には、強い味方がいます。全国各地域・各職域に広がるネットワークです。ある地方に出張取材する際、記者はまず地元の現職・元職議員や党組織に連絡をとります。現地の状況を教えてもらい、取材対象者探しなどの協力をしてもらうためです。日本共産党の全国の地方議員数は2647人（2020年8月1日現在、うち1004人は女性議員）にのぼります。

新聞社やテレビ局の記者は新人時代、地方に赴任します。ある大手紙記者は「まず共産党の議員を訪ね、その地方の政策課題や政党・会派の内情を教えてもらう。共産党の地方議員は他党の内情にも詳しい。しかも温厚篤実《とくじつ》な人が多いから、みんな支局時代は共産党の議員さんに少なからずお世話になっているはずだ」と話します。

加えて強力なのは、全国1万8000の日本共産党の支部です。小学校数に匹敵し、地域に根を張り、さまざまな活動を通じて保守の人たちとも一定の信頼関係を築いています。赤旗の配達・集金活動で地域の人たちともつながっています。赤旗読者が私たちの取材に応じてくれることも少なくありません。

赤旗の取材は、全国に広がる日本共産党のネットワークに支えられています。

桜を見る会取材でも、笹川はまずベテランの日本共産党元下関市議に連絡。桜を見る会に参加した自民党関係者を紹介してもらいました。自民党関係者は匿名を条件に取材に応じました。

■「案内は安倍事務所から来た」

9月30日早朝5時に自宅を出発し、山口県に向かった笹川。新幹線で約6時間かけて下関駅に到着。午後、紹介してもらった自民党関係者の事務所を訪ねました。この自民党関係者は約5年前、桜を見る会に参加していました。その経緯を詳しく語ります。

「桜を見る会の案内は、下関の安倍事務所から来た。交通費、ホテル代は参加者の自費だ。指定されたホテルに泊まり、朝ロビーに集合して、バスで新宿御苑に向かった。新宿御苑に着くと、秘書みたいな人がまとめて受付をしてくれた。顔は覚えていないが、東京の安倍事務所の秘書ではないか」

笹川の取材で、桜を見る会参加のための交通費やホテル代は参加者が負担していることがわかりました。しかし、下関市の安倍事務所から案内が来た、ということの詳しい中身はまだわかりませんでした。

インターネット上には桜を見る会の招待状の写真が大量に掲載されています。招待状は内閣府が参加者に送るもの。この招待状が安倍事務所から来たということなのか。

笹川は証言してくれそうな取材対象者がほかにもいないか、元市議に相談しました。元市議は「この人なら話してくれるだろう」と、別の自民党関係者を教えてくれました。

翌朝、教えてもらった自民党関係者の自宅を訪ねた笹川。インターホンを押し、「赤旗です」と名乗りました。警戒している様子なので「桜を見る会に参加する仕組みを教えてほしい」と丁寧《ていねい》に頼みました。

「なんだ、桜を見る会のことか。あれはね……」。自分を攻撃する意図があるわけでないとわかり安心したのか、自民党関係者は玄関先で話し始めました。

「まず安倍事務所から桜を見る会の参加確認が来る。参加したい人は必要事項を紙に書いて申し込むと内閣府から招待状が届く」

メモを走らせながら笹川は「本当にこんなことがあるのか」と驚きました。桜を見る会は、各界の功績、功労者を各省庁が選んで招待する仕組みのはず。なぜ「参加したい人」が安倍事務所に申し込むのか。自民党関係者の証言は続きます。

「参加者は山口宇部空港に集合する。安倍事務所が手配した飛行機で東京に向かう」「東京都内を観光した後、安倍晋三後援会主催の前夜祭に参加する」「前夜祭の会費だけは旅行代金と別会計で、毎年5000円だった」

これらのことはインターネット調査だけではわからない情報です。驚きながらも、笹川は「真実に近づいている」と感じました。

笹川は翌日午前、下関市の安倍首相の後援会員を取材しました。この後援会員の写った前夜祭の写真を、別の参加者がブログに載せていました。それを基礎資料や参加者の写真を探索していた本田が割り出していたのです。

事務所を訪ね、前夜祭の写真を見せました。「それ、どこで見つけたの？ さすが赤旗。

いいよ」と話し始めました。

「毎年、桜を見る会と前夜祭に参加している。2月か3月に安倍事務所から参加確認がくる。ツアーみたいに都内を観光したあと、前夜祭に参加する。旅費は事前に旅行会社に振り込む。飛行機の席は安倍事務所がおさえているが、直接事務所には払っていない」

前夜祭については「安倍後援会が主催している。最初は有力な後援会員だけだった。だんだん人が増え、ある時期から会場が広くなった。会費は5000円。会場に受付があり、そこで支払う。食事はオードブル、ビールも出た」と証言します。「翌朝は、大型の観光バスで新宿御苑まで行く」

この後援会員の証言は、他の参加者の証言とも一致しました。

笹川の取材中、後援会員は突然、「天皇についての共産党の考え方を教えてよ」と質問してきました。赤旗記者は取材していると、よく時々の情勢や政策、天皇制や自衛隊、さらには未来社会＝社会主義・共産主義について聞かれることがあります。笹川は「共産党は、現憲法については天皇条項も含めすべての条項を守る立場です。天皇の制度は憲法上の制度なので、その存廃については、将来、情勢が熟したときに、国民の総意によって解決されるべきだと考えています」と答えました。後援会員は「話をできてよかった」といいました。

笹川の下関市取材で、安倍首相が桜を見る会に、後援会員を大量に招待しているカラクリの一端が見えてきました。その核心は、①安倍事務所は毎年、桜を見る会を目玉にした、後援会旅行をおこなっていた、②安倍事務所から案内があり、参加を申し込むと、内閣府から桜を見る会の招待状が届く――というものでした。

桜を見る会の招待は本来、「功績、功労のある参加者を各省庁が推薦」するというもの。安倍事務所が招待に関与しているということは、安倍首相が桜を見る会を私物化していることを裏付けるものです。

■ネットにも証拠能力

調査取材で重要なのは、裏付けとなる〝証拠〟です。

インターネットが普及しはじめた頃、記者たちはネット上で見つけた情報をそのまま記事にすることを戒《いまし》められてきました。インターネットの情報は、あくまでも二次情報。当事者への確認取材は必須です。ネット上にはフェイクニュースも氾濫《はんらん》しているからです。

ただ、ネット上の情報も場合によっては、十分な〝証拠〟になります。裁判でも、ネット情報が証拠採用されているケースもあります。フェイスブックやＬＩＮＥ、インスタグラムなどは、個人の行動や相手とのやり取りが日記的に残ります。週刊誌報道などでは、当事者間のＬＩＮＥが決定的な〝証拠〟として使われています。

インターネット上の公開情報（オープンソース）を分析し、真相を明らかにする手法は、「はじめに」でも紹介しましたが、「オープンソース・インテリジェンス」（Open Source Intelligence= OSINT、略称オシント）と呼ばれています。この手法は調査報道にも使われています。

桜を見る会の取材でも、インターネットの情報は重要な役割を果たしました。安倍首相による私物化疑惑取材の端緒となり、〝証拠〟ともなりました。その一端を見てみると……。

桜を見る会の参加者の中には、当日の様子を写真付きでフェイスブックに投稿した人がいました。その投稿から、相当な情報を得ることができます。「桜を見る会、楽しかったですね」という友人のコメントがついていれば、その友人の投稿もチェックします。なかには、一緒に写った人の名前を表示する機能を使った投稿もあります。この機能なども活用し、集合写真から複数の参加者を割り出していきました。

事実確認のため、投稿された写真の景色、参加者の服装なども複数の写真を照合してチェックしました。取材班はこれらの手法を駆使し、桜を見る会の私物化疑惑を明らかにしていきました。

■〝昭恵氏枠〟の発見

ネット上での参加者確認作業をしていた本田。安倍首相の妻、昭恵氏の〝推薦枠〟と見られる参加者の存在を突き止めました。

当初、インターネット上での情報収集は国会議員のブログを中心に調べていました。しかし安倍首相の後援会関係者が大量に参加しているという証拠を集める作業のなかで、フェイスブックやツイッターなどのSNS投稿に調査対象が移りました。個人による桜を見る会への参加の報告は、ブログよりもSNSへの投稿が圧倒的に多かったからです。

本田はSNSの公開投稿を各年の桜を見る会開催日前後にしぼって調査。首相の地元選挙区に住む人をより分けていきました。こうした作業のなかで、奇妙なことに気が付きました。

毎年のように桜を見る会に参加して、会場内で記念写真を撮っている集団がいたのです。こうした写真はSNSに大量に投稿されていました。

功績、功労のあった個人を招待しているのならば、集団参加はあり得ません。推薦にあたり内閣府は各省庁に、原則として同じ人が連続して招待を受けることのないように、と「お願い」しています。年中行事のように繰り返し参加することもあり得ないことです。

首相の地元有権者もいれば、そうではない人もいる。いったいどのような集団なのか。

謎はあっさりと解けました。本田は、ある集団の記念写真に写った人物の顔に見覚えがありました。以前、昭恵氏が関わる団体や活動を調査した際に見た顔でした。その人物は、昭恵氏と親しい山口県の女性経営者。昭恵氏といっしょに「日本酒をつくる女性グループ」に参加していました。よく見ると、「日本酒をつくる女性グループ」のほかのメンバーも写真に写っていました。過去の調査・取材の蓄積が生きたのです。

桜を見る会には、首相の後援会関係者だけでなく、昭恵氏の関係者も招待されていました。本田は当時を振り返ります。「昭恵氏との関係を疑いながら参加者の写真を改めて見ると、パズルのピースをはめるように、次つぎとその関係が明らかになっていきました」

昭恵氏の関係者らもSNS上で記念写真を相互に共有し、「いいね」などの反応やコメントをしています。こうした内容から、投稿者以外の記念写真の参加者も容易に特定できました。さらに、その人物の過去のSNS投稿をたどると「昭恵さんと○○しました」など昭恵氏との関係をうかがわせる記載が出てきました。

〝昭恵氏枠〟についても、直接取材による事実確認は欠かせません。

「昭恵夫人にお会いしたことからの招待枠？」とブログに書いていた静岡県の男性に連絡を取りました。「話しますよ」と快諾を得て、すぐに笹川が静岡県に向かいました。男性は「昭恵さんと名刺交換をしてから桜を見る会の招待状が届くようになった。なぜ自分が招待されたかわからない」「〝昭恵氏枠〟としか考えられない」と証言しました。

■記事は足で書く

桜を見る会取材開始から1週間後の19年10月2日、デスク会議が開かれました。日曜版編集部では、毎週の日曜版の印刷が始まった直後、水曜日午後にデスク会議を開き、次の号の内容を決めます。10月2日のデスク会議で、次号（10月13日号）の1面から桜を見る会を報じることが決まりました。締め切りは10月8日です。

それまでにどうしても、下関市の安倍事務所が後援会関係者に送付した「桜を見る会の案内状」を入手したい。そのために藤川良太《りょうた》、前田泰孝《やすたか》の両記者が山口に飛びました。

沖縄・辺野古《へのこ》の米軍新基地建設問題でスクープを出している藤川。前田は、安保法制反対を訴える元自衛官20人を実名で赤旗日曜版に登場させました。いずれも突破力のある記者です。

2人は現地の党組織に連絡しました。前回の笹川とは別の人脈で、桜を見る会に参加した会社社長の話を聞くことができるようになりました。2人は締め切り4日前の10月4日、下関市に向かいました。

山口宇部空港に向かう機内で藤川は「いくら安倍政権が驕《おご》り高ぶっているからといって

も、時の首相がそんなに無節操に後援会員を、桜を見る会に呼んでいるのだろうか」と疑問を感じていました。

空港でレンタカーを借りた2人。「まず山口県議会に向かおうや」と前田が提案しました。桜を見る会の参加者をなるべく多くみつけるには、地元で深く住民とかかわる共産党県議と作戦を練る必要があるからです。県議会で県議と相談し、自民党の支持団体である業界団体の幹部など、話が聞けそうな取材対象者を洗い出しました。

編集部で原稿作成に着手し始めていたデスクの山田は焦りを感じていました。案内状が入手できるかどうかで、原稿の中身は大きく変わります。締め切りなどから逆算して、残された取材期間はわずか3日。いったい何人の関係者にあたれるのか……。

藤川、前田は夕方、約束していた会社社長と会いました。社長はこれまで4回連続で桜を見る会に出席していました。

「私は、地元の安倍さんの後援会に入っている。桜を見る会の案内状は、封筒に入れられ郵便で送られてくる。中に入っている紙に出欠や必要事項を書いて、安倍事務所にファクスで送信する。そうすると、安倍事務所でなく、内閣府のどこかの部署から、出席のための入場券みたいなのを送ってくる」

東京へはどのようにして行くのか。社長によると、東京へは桜を見る会前日の午前中、安倍事務所が指定した山口宇部空港発、羽田空港着の飛行機に乗ります。到着後は希望のコースに分かれ、バスで都内観光をします。社長の証言は続きます。

「夕方には前夜祭の立食パーティーがある。会費は1人、5000円だったかな」

「前夜祭の人数は？」

「地元で催される安倍後援会の正月の新春の集いを、新聞は1200〜1300人ぐらいと発表している。それと同じくらいじゃないか」

社長は、桜を見る会の当日の様子についても詳細に証言します。

「40人乗りくらいの貸し切りバスで新宿御苑に入る。桜の木の下にちょっとした広場がある。安倍さんと妻の昭恵さんを真ん中にして、その周りを30人くらいが何組かに分かれ写真撮影する」

社長は最後に語りました。「最初は感動したよ。桜を見る会ではいろんな人、普通は会えん人に会える」

2人は翌日、朝から県議とともに、下関市内の経済界などの業界団体幹部をまわりました。成果はなし。笹川や本田が丹念に調べてくれた桜を見る会参加者リストをもとに、自宅や店舗を回りました。不在が多くなかなかつかまりません。焦ってきた2人は翌日、長門市に取材に入り、安倍首相のポスターが張ってある家を軒並み訪問することにしました。

■子も孫も友も参加

長門市では、安倍家のお墓がある地域で安倍ポスターを張っている家を訪ねました。ある住宅では、桜を見る会に参加した男性の母親と話すことができました。「桜を見る会にうちの息子はよく行きます。安倍さんが好きやから。昨年（18年）は、大学生の子どもや、いとこやらも『連れて行ってくれ』というので、いとこを連れて行きました。あと友だちも。今年は私の孫も連れて行ってくれたよ」

自宅の居間には桜を見る会で芸能人と撮った写真がたくさん飾ってあるというこの女性。息子への取材を求めると、いったん家の奥に入り、携帯電話を手に戻ってきました。「息子に電話をかけたので出てくれ」と言います。藤川が受け取り「赤旗記者」と名乗ると息子は怒鳴り声をあげました。「プライベートで行っている。なんで話さないといけないのか。お前らに話すことなんて何もない。帰れ」。息子から「何も話すな」と言われたのか母親は、申し訳なさそうに玄関を閉めました。

安倍首相の後援会関係者であれば、親せきや友人まで連れて、しかも何度も参加できるという桜を見る会。まさに公的行事の私物化です。

その後も2人は、安倍首相の支持者や、自治会長などの地域の有力者の自宅を探し、訪ね歩きました。しかし、安倍事務所の出した案内状は手に入りませんでした。案内状こそ入手できなかったものの、締め切り前日までの3日間で十数人を取材し、その何人かから一連の日程について重要な証言を得ることができました。【図2参照】

締め切り寸前。編集長の山本からデスクの山田に、下関市の安倍事務所に直接、話を聞くように指示が出ました。真実に近づくためには、関係者の話を聞くだけでなく、最も真実を知っているはずの安倍事務所の説明を聞く必要があるからです。再度、笹川が下関に向かいました。

笹川が下関の安倍事務所に入ると、入口付近にいた女性が応対しました。しかし「責任者がいない

図2 首相後援者が「桜を見る会」に参加するまで

1月下旬ごろ
安倍首相が開催日を発表
・首相の山口県内の地元事務所が後援者らに参加確認
・同事務所が旅行会社をあっせん。旅費は自己負担

「安倍事務所から封書などで、参加確認の案内が届いた」（地元後援者）

2月下旬～3月上旬ごろ
内閣府が招待状を送付

4月 桜を見る会前日朝
・後援者らが宇部空港に集合
・羽田空港着

「羽田に到着後、複数ルートに分かれてバスで観光」（複数の参加者）

前日夕
「安倍晋三後援会 桜を見る会前夜祭」都内ホテル
・首相や後援会幹部があいさつ
・歌手らが出演
・首相や昭恵氏と参加者が記念撮影

当日朝
・後援者らが前夜祭会場のホテル前に集合
・大型バスで新宿御苑に移動
・開会前に首相と記念撮影

首相動静―13日【午前】7時48分、東京・内藤町の新宿御苑。49分、昭恵夫人とともに（中略）地元の後援会関係者らと写真撮影（「朝日」4月14日付）

「桜を見る会」新宿御苑

のでわからない」の一点張り。スーツを着た男性も数人いましたが、視線を合わせることは一切ありません。「私に連絡するよう担当の方に伝えてください」と笹川は頼んだものの、担当者からの連絡はナシ。そのため取材班は、国会の安倍事務所に文書で質問を出しました。しかし、回答はありませんでした。

■「バス17台」と手記に

下関の現地取材で明らかになった、安倍首相による桜を見る会「私物化」の実態。安倍事務所が直接、後援会関係者の桜を見る会への大量招待に関与していました。それを裏付けるうえで重要だったのが、桜を見る会参加者の書いたブログや手記です。そこには詳しい状況が記されています。その一つが、２０１４年の桜を見る会に参加した自民党の友田有《たもつ》・山口県議のブログ（現在は削除）です。一部を引用します。

今回は私の後援会女性部の7名の会員の方と同行しました。

前日の早朝に飛行機で上京して、貸切バスで東京スカイツリーや築地《つきじ》市場など都内観光をしました。その夜には、ＡＮＡインターコンチネンタルホテルの大広間において、下関市・長門市そして山口県内外からの招待客約４００人による安倍首相夫婦を囲んだ盛大なパーティーが開かれました。

そこで安倍首相はご出席の皆さんとグループごとに一枚、一枚丁寧に写真を撮られていましたし、閉会までおられて後援会の皆様と楽しそうに歓談をされていました。

次の日、まさに春爛漫《らんまん》の快晴の中、新宿御苑において「桜を見る会」が開催されました。早朝7時30分にホテルを出発し貸切りバスで新宿御苑に向かい、到着するとすぐに安倍首相夫妻との写真撮影会が満開の八重桜の下で行われました。

その後、グループごとに別れて御苑内を散策しました。会場内の各所では簡単なオードブルや飲み物が置いてあり、充分に楽しむ事が出来ました。会には多くの芸能人やケネディ大使をはじめ各国の要人も多数招かれていたようです。私たちはケネディ大使を目の前で見ることが出来て大変感激しました。また、「スギちゃん」や「AKB48」のメンバーも招かれていたようですが、会うことは出来ませんでした。

しかしながら、絶好の天気と満開の桜を満喫されて、皆様「すばらしい一生の想い出をつくる事が出来た!!」と大変喜んでいただいて私自身も感動した次第です。

安倍首相には長く政権を続けてもらい、今後もずっと「桜を見る会」に下関の皆さんを招いていただきたいと思い新宿御苑をあとにしました。**【次ページの資料5】**

資料5　「桜を見る会」に後援者と参加したことを伝える自民党県議のブログ

2014年5月1日号　vol.87
安倍首相主催「桜を見る会」へ。」

（注）このブログには「後援会女性部の７名の会員の方と同行」と書かれています。（画像は一部加工）
（出所）自民党の友田有（たもつ）・山口県議のブログから。

もう一つ、決定的な内容が載っていたのが、地元の社会奉仕団体の会報（現在は削除）に載っていた会社経営者の「『安倍総理と桜を見る会』に行って！」という2019年の手記でした。そこには…。

——まずこの会は望んでも出席できないと言う事です。安倍総理の後援会、事務所、そのような経緯を通してでないと出席は出来ないそうで、今回お誘いがあったのでチャンスとばかりに出席を決めました。

——12日ホテルニュー大谷（原文ママ、正しくはオータニ）で前夜祭、会場は100

０人以上可能な会場で参加人数は８５０人ぐらいだったそうですが、ものものしい総理のＳＰが印象的でした。

――総理との記念写真を撮ろうと並ぶこと1時間、写真を撮り握手してその間30秒アッという間もなく終了、まあこんなものでしょうね。

――翌日はニュー大谷（原文ママ）にて7時集合、バス17台にて出発、新宿御苑は一般客は10時30分まで入場禁止で私たちのバスはついた順から記念撮影、撮影が終わればあとは自由行動で中をブラブラしつつ、テントの前でたくさん並んでいる人垣。これは何？　あとから分かったのですが、無料で記念に持ち帰るお菓子、和菓子、タケノコご飯等をもらうための人垣でした。

――それで皆さん袋を入り口でもらっていたらしいのですが、私たちはバスで来た為《ため》手に入らず、中には袋を2つ持ちびっしりと詰め込んでいる人がたくさんいました。

「ああ～惜しいことをした」次回は……

この手記によると、前夜祭に少なくとも８００人以上は参加していた可能性が濃厚です。桜を見る会当日の「バス17台」という数字は本当なのか。藤川は、締め切り日の10月8日、この経営者に電話をかけました。経営者は人数やバスの台数について、「そう聞いている」と証言。「当日バスでなく新宿御苑に入る方は、もちろん手荷物検査がある。でも、私たちはぜんぜん手荷物検査はなかった」など新たな重大証言も得られました。

案内状は入手できなかったものの、桜を見る会の複数の参加者から、安倍事務所が招待に直接関与していることなどを裏付ける、次の重要な証言を得ることができました。

——安倍事務所は毎年、桜を見る会を目玉にした、後援会旅行をおこなっていた。

——安倍事務所から案内があり、参加を申し込むと、内閣府から桜を見る会の招待状が届く。

——桜を見る会開催の前日に山口宇部空港に集合し上京。都内などをバス観光後、夜は後援会主催の前夜祭がある。旅費や会費は自己負担。飛行機やバス、ホテルは安倍事務所が手配する。

——前夜祭は5000円の会費を払った。

——桜を見る会の入場にあたっては、手荷物検査もなく、バスの中で安倍事務所の秘書らが参加者用のリボンを配るなどの受付をしていた。

■再録！　スクープ第1弾

インターネットの公開情報と下関市での現地取材。これらをもとに桜を見る会疑惑のスクープ（日曜版19年10月13日号）が生まれました（次ページの【資料6】が、そのスクープ紙面）。そのスクープ全文を「第一章」の最後に再録します。

◎スクープ／首相主催「桜を見る会」／安倍後援会御一行様ご招待／税金でおもてなし／地元山口から数百人規模

各界の功労者などを招待するとして、多額の税金を使って開かれている安倍晋三首相主催の「桜を見る会」。本来の目的に反し、首相の地元後援会関係者が数百人規模で大量に招待されていたことが編集部の取材でわかりました。参加窓口は首相の地元事務所。後援会旅行の〝目玉〟に位置付けられていました。行政がゆがめられ、特別の便宜が図られた、首相の国政私物化疑惑を追います。（取材班）

「桜を見る会には毎年参加している。地元の後援会員が数百人規模で上京し、みんなで首相と記念写真をとっている。安倍事務所の恒例行事だよ」

安倍首相の地元、山口県下関市の後援会関係者が話します。

資料6　スクープ第1弾を報じた赤旗日曜版

しんぶん赤旗
日曜版
https://www.jcp.or.jp
hensyukoe@jcp.or.jp
Twitter:@nitiyoutwitt
2019年（令和元年）10月13日
日本共産党中央委員会
発行所：〒151-8586東京都渋谷区千駄ケ谷4の26の7 ☎03(3403)6111

首相主催「桜を見る会」
安倍後援会
御一行様
ご招待
スクープ
税金でおもてなし
地元山口から数百人規模

2019年の桜を見る会の招待状と参加者用のリボン、お土産の升

桜を見る会で地元・山口県の後援者らと記念撮影する安倍首相夫妻＝4月13日、東京・新宿御苑（自民党の島田教明・山口県議のブログから。画像は一部加工）

各界の功労者などを招待するとして、多額の税金を使って開かれている安倍晋三首相主催の「桜を見る会」。本来の目的に反し、首相の地元後援会関係者が数百人規模で大量に招待されていたことが編集部の取材でわかりました。参加窓口は首相の地元事務所。後援会旅行の〝目玉〟に位置付けられていました。行政がゆがめられ、特別の便宜が図られた、首相の国政私物化疑惑を追います。　取材班

「桜を見る会には毎年参加している。地元の後援会員が数百人規模で上京し、みんなで首相と記念写真をとっている。安倍事務所の恒例行事だよ」

安倍首相の地元、山口県下関市の後援会関係者が話します。

桜を見る会は内閣府の公的行事。第2次安倍政権発足後の2013年以降は毎年、東京・新宿御苑で実施しています。1万人前後だった参加者は増え続け、今年は1万820

志位委員長
消費税を5%に
国会で減税要求

代表質問に立つ志位委員長＝8日、衆院本会議

「〝とても暮らしていけない〟という怨嗟（えんさ）の声が全国で広がっている」――。日本共産党の志位和夫委員長は8日の衆院本会議で代表質問に立ち、消費税10%増税を強行した安倍政権に強い憤りをもって抗議しました。

導入から31年。弱者から吸い上げ、大企業と富裕層を潤すのが消費税の正体で、日本を世界でも異常な「経済成長できない国」にした、と告発。具体的な財源提案と合わせ、消費税廃止を目指し、緊急に5%に減税することを強く求めました。

4、5面で特集

（出所）「しんぶん赤旗日曜版」2019年10月13日号。

桜を見る会は内閣府の公的行事。第2次安倍政権発足後の2013年以降は毎年、東京・新宿御苑で実施しています。1万人前後だった参加者は増え続け、今年（2019年）は1万8200人に。18年には予算の3倍の5229万円が支出され、国会で大問題になりました。

同会は「各界で功績、功労のあった方々を……各府省からの意見を踏まえて幅広く招待している」（菅義偉《すがよしひで》官房長官）もの。対象外の後援会員はどのようなルートで招待されるのか――。

複数の後援会員は「下関の安倍事務所から参加確認があり、希望すれば、内閣府から招待状が送られてくる」と証言します。

「安倍事務所が飛行機やホテル、貸し切りバスを手配し、旅費は自分持ちだ。都内観光や前夜祭などの後援会旅行の目玉行事が、桜を見る会だ」

前夜祭は、桜を見る会前日に安倍首相が出席して開かれる後援会行事。「13年は100人ほどだったが最近は数百人規模になった」と参加者は証言します。今年の前夜祭（19年4月12日）はホテルニューオータニ（東京）で開催。出演した歌手はブログに「1000人ほどのお客様」と書いています。

桜を見る会に安倍首相の後援会関係者が大量に参加していることは内閣府も当然、知っていること。招待者名簿をみれば明らかです。

◎「桜を見る会」予算3倍浪費／安倍政権が税金私物化／後援会を〝裏口〟招待続々――その1

安倍晋三首相主催の桜を見る会。今年（2019年）は4月13日に開かれました。参加した山口県在住の女性は当日のことを振り返ります。

「集合場所のホテルニューオータニから大型バスで会場の新宿御苑に行きました。私が乗ったのは十数台目。号車や時間は安倍事務所の指定でした。バスは17台と聞きました」

仮に定員40人のバスですべて満員だったとすると680人が行ったことになります。

山口県下関市の自民党関係者は「新宿御苑で一般招待客は並んで手荷物検査がある。しかし〝下関組〟はバスの駐車場がある〝裏口〟から入るのが恒例だ」と明かします。

下関市の後援会員の男性も「到着すると、安倍事務所の秘書らがバスの座席をまわって、入場のための受付票を回収する。その秘書が受け付けを済ませ、参加者用のリボンを配る。まとめてのチェックインで手荷物検査はなかった」と話します。

手荷物検査もなしの特別扱い。バスの号車順に首相との記念撮影があったといいます。

【資料7】

この後援会員は、招待者の人選も安倍事務所が取り仕切っていたと詳しく証言します。

「2月ごろ、下関市の安倍事務所から〝桜を見る会に行きませんか〟と案内が来た。名前や住所などの必要事項を紙に書いて安倍事務所に送り返すと、内閣府から桜を見る会の招待状が届いた。安倍政権になってから毎年参加している。下関からは毎年数百人が上京する」

会社経営者の後援会員は「桜を見る会の前日の朝、宇部空港に集合し、安倍事務所が手配した飛行機で上京した」と話します。

「東京都内を観光するツアーが2～3コース組まれ、羽田空港に到着すると貸し切りバスで東京スカイツリーなどを見学した」

これらの証言を裏付けるブログも。自民党の友田有《たもつ》・山口県議は「安倍首相主催『桜を見る会』へ」（2014年5月1日）と題してこう記しています。

資料7　地元・山口県の後援者らと記念撮影する安倍首相夫妻

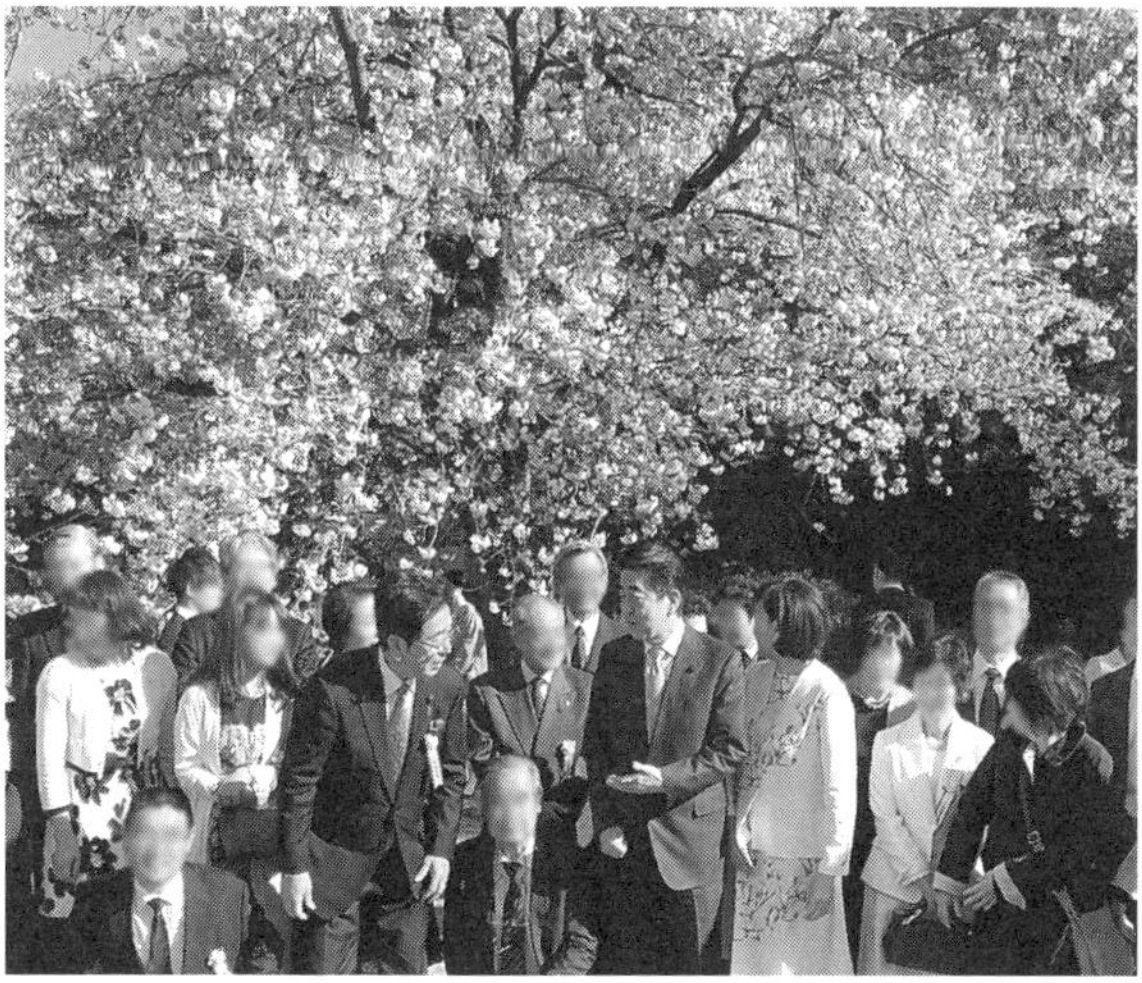

（注）2019年4月13日、東京・新宿御苑。画像は一部加工。
（出所）自民党の島田教明・山口県議のブログから。

「前日の早朝に飛行機で上京して、貸し切りバスで東京スカイツリーや築地市場など都内観光をしました」（このブログは本書36〜37ページでも紹介）

桜を見る会には芸能人やスポーツ選手が多数参加。お土産に升をもらい、無料でアルコールを含む飲食ができます。**【次ページの資料8】**

参加者らは「同行した家族が『芸能人と会えて、いい思い出になった』と喜んでいた。後援会旅

資料8　2019年の「桜を見る会」の招待状と参加者用リボン、お土産の升

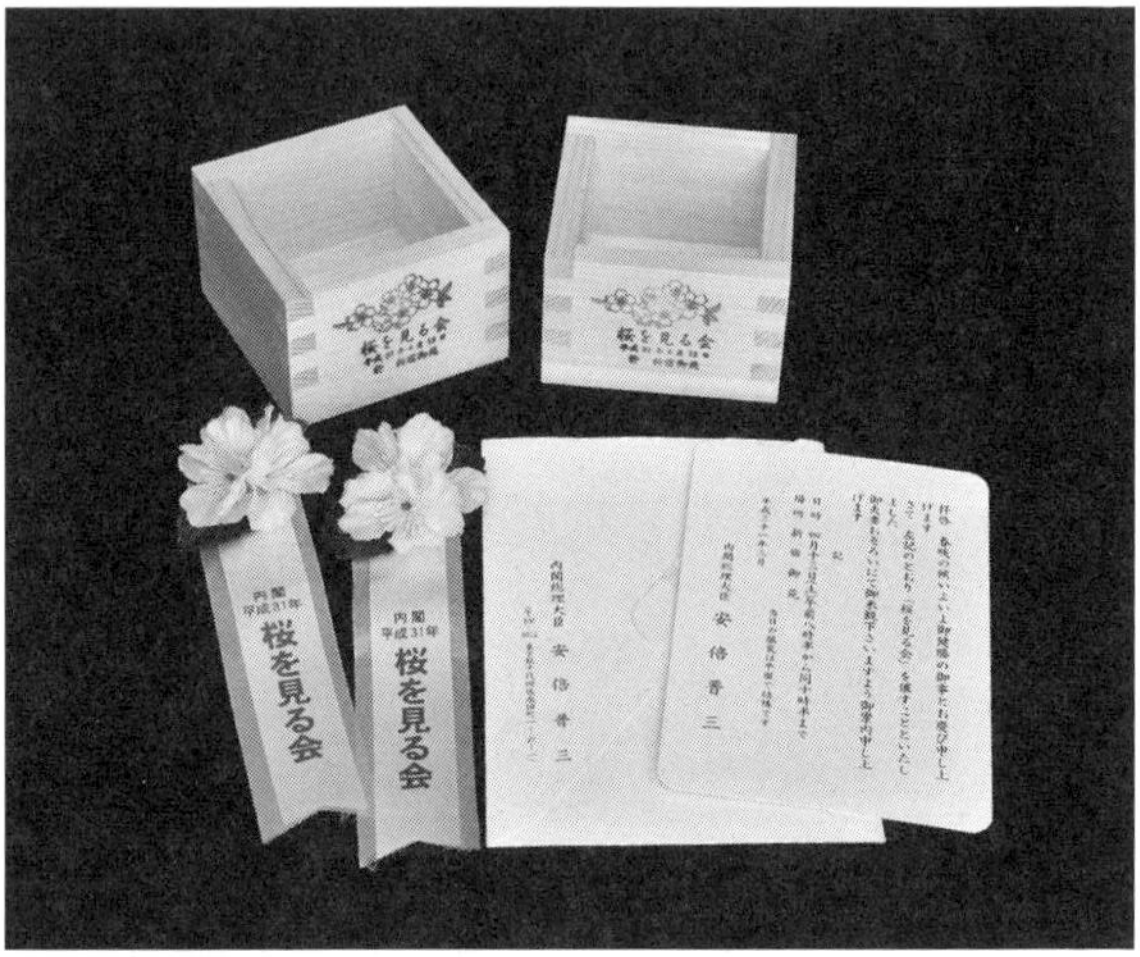

（出所）「しんぶん赤旗日曜版」編集部撮影。

行みたいなもので、桜を見る会はその目玉行事だった」「和菓子やタケノコご飯をお土産にもらった。大きな袋いっぱい詰め込んでいる人もいた」と振り返ります。

各界の功労者を招くとして多額の税金を支出する桜を見る会。それを安倍事務所は、後援会旅行の目玉に位置付け、後援会員を文字通り〝裏口〟から特別に招待していたのです。〝お友だち〟のために行政をゆがめるのは、森友・加計疑惑と同じ構図です。

招待者名簿を作成した内閣府は当然、首相の後援会員の名前が大量に載っているのを承知していたはずです。

日本共産党の宮本徹衆院議員は衆院財務金融委員会（5月21日）で「どうやって招待状を出す仕掛けができているのか」と追及。内閣府は「（招待者名簿など）資料が残っていな

い」「破棄した」として詳細を明かしませんでした。

違法の疑い「前夜祭」

桜を見る会の前日におこなわれている、安倍晋三後援会主催の「桜を見る会前夜祭」。14年に参加した山口県議はブログに「夜には（中略）下関市・長門市そして山口県内外からの招待客約400人による安倍首相夫婦を囲んだ盛大なパーティーが開かれました」（自民・友田県議）と記しています。

会社経営者の後援会員は「前夜祭は立食式で、パーティーのようなもの。安倍首相や後援会幹部があいさつし、首相が選挙の話をすることもあった」といいます。複数の参加者が「5000円の会費を払った」と証言します。

政治資金規正法は、対価を徴収しておこなわれる催し物を「政治資金パーティー」と規定。収入や経費を収支報告書に記載するよう義務付けています。ところが、安倍首相が代表の政党支部や関係する政治団体の収支報告書には、前夜祭の収支の記載がありません。政治資金規正法違反（不記載）の疑いがあります。

◇

編集部の取材に安倍事務所は「担当者がいない」として回答しませんでした。

◎「桜を見る会」予算3倍浪費／安倍政権が税金私物化／後援会を〝裏口〟招待続々――その2

〝昭恵氏枠〟まであった／スキー、農業、酒〝お友達〟招く

桜を見る会には、安倍首相事務所枠だけでなく、首相の妻・昭恵氏枠もあった疑いがでています。【資料9】

「なぜ自分が招待されたのかわからない」。関東近県に住む男性の言葉です。「思い当たるのは、あるイベントで昭恵さんと名刺交換をしたこと。それ以降、会の招待状が届くようになった」といいます。

「僕は政治家の知り合いがいないし、自民党支持者でもない。〝昭恵夫人枠〟としか考えられない」

15年から5回連続で招待されたのは、昭恵氏が名誉会長を務めたスキーイベントの実行委員です。このスキー仲間らが15年に都内で開いた〝前夜祭〟には昭恵氏も参加しました。メンバーは「明日の『桜を見る会』の前夜祭（中略）昭恵さんもご多忙の中いらしてくだ

さいました』とＳＮＳに書き、翌日には桜を見る会の写真を投稿しています。

昭恵氏の農業仲間も招待されています。昭恵氏は15年の桜を見る会前夜、こちらの宴会にも出席。参加者は昭恵氏と酒を飲む写真をＳＮＳに投稿し「総理夫人、内閣参事官（中略）、いつもながら濃い面子《めんつ》」「明日は総理主催の桜を見る会なのにそんなに飲んでみんな大丈夫か――？」とつづっています。

資料9　安倍首相の妻・昭恵氏にも〝枠〟が―。

安倍昭恵
2014年4月12日・
桜を見る会にご出席の皆様と。
地元でずっと応援して下さっている後援者の皆さんのお陰で主人の今があります。
いつもありがとうございます。

（注）2014年４月、都内ホテルで。
（出所）昭恵氏のフェイスブックから。

昭恵氏と日本酒をつくる女性グループは16年に参加。メンバーは「昭恵さんの日本酒『やまとのこころ』をプロデュースしているＬａｄｙ　ＳＡＫＥ　Ｐｒｏｊｅｃｔのメンバーと一緒に桜を楽しみました」とＳＮＳに投稿しています。

閣僚、自民幹部、党ぐるみ／「役職で招待数割り当て」

桜を見る会に地元後援者を招待しているのは安倍首相だけではありません。安倍政権の閣僚や自民党幹部らのブログやツイッターなどを見てみると――。

萩生田光一《はぎうだこういち》・文部科学相は2014年、ブログに「今年は平素ご面倒をかけている（後援会の）常任幹事会の皆様をご夫婦でお招き」と記載【資料10】。18年は「お招きした町会自治会連合会役員の皆さんと合流」と書いています。

世耕弘成・自民党参院幹事長（元経済産業相）は15年と16年、自身の女性後援者らを招いて安倍首相と会場で記念撮影。後援会ニュース16年新年号に「和歌山のために」「『桜を見る会』にて地元女性支援グループの皆さんと」と題して記念写真を掲載しています。

【前掲13ページの資料2】

稲田朋美《いなだともみ》・自民党幹事長代行（元防衛相）は14年、「（桜を見る会には）地元福井の後援会の皆様も多数お越し下さり、たいへん思い出深い会」（ブログ）と書いています。【後掲59ページの資料13】

松本純・自民党国対委員長代理（元防災担当相）事務所は13年、招待の「割り当て」が少ないと嘆きました。「役職ごとに案内状が割り当てられます（中略）残念ながら後援会の皆様にご案内することができず、やむなく我が陣営は不参加（中略）もっと偉くなりた

いですね」（ブログ）

その松本事務所は15年には「選挙のうぐいす嬢の皆様をはじめ後援会の皆様と参加」（同）と報告しています【資料11】。安倍首相だけでなく自民党が桜を見る会を私物化していた疑いが浮上します。

資料10　萩生田光一文科相も後援者招待

<おまけの一言>
総理主催の「桜を見る会」が催され、今年は平素ご面倒をかけている常任幹事会の皆様をご夫婦でお招きしました。

しかしご夫婦で参加されたのはほんの数組であとは単身、本当に奥様達に伝わっているのでしょうか？(笑)

（注）「桜を見る会」に自身の後援会幹部を招き、「平素ご面倒をかけている」と、＜おまけの一言＞と題して載せています。

（出所）2014年４月、萩生田氏のブログから。

資料11　自民党松本純衆院議員秘書の「桜を見る会」報告ブログ

安倍晋三内閣総理大臣主催の「桜を見る会」が、東京・新宿御苑で開かれました。歴代首相が主催する桜を見る会は今年で60回目とのことです。選挙のうぐいす嬢の皆様をはじめ後援会の皆様と参加致しました。各界の著名人ら約1万5000人が出席されたとのことでした。安倍首相はおよそ430本の八重桜を企業の賃上げにたとえ、「おととしは、ちらほらと桜が咲き始めたように、賃上げを決意した会社はまだ数えるほどだったが、桜前線が北上して全国に桜が咲いていくように、去年は15年ぶりの賃上げを実現することができた。ことしは、去年を上回る状況になっている」と挨拶し、経済政策アベノミクスの成果をアピールし、地方創生など「戦後以来の大改革」を進めると強調し、「景気回復のあたたかい風を全国津々浦々にお届けしていくことが私たちの使命であり、そのために地方創生を力強く進めていきたい。周りを見渡すと桜が咲き誇っているが、日本全体がこんな気分になるように頑張っていきたい」と訴え、景気回復に向けた決意を強調されました。(秘書渡部報告)

（出所）2015年４月、松本氏のブログから。

日本共産党宮本徹衆院議員の話――到底許されない。徹底追及を

国会での質問に対し、政府は「資料は廃棄」といって、桜を見る会の招待客が倍増した経緯について隠し続けました。国民に隠れて、後援会員など自分たちに近い人々を大量に参加させていたというのは、税金の私物化そのものであり、到底許されません。

安倍政権のもとで、桜を見る会への支出が、こっそり、予算の3倍にも膨張していました。政府は、開き直り、支出に合わせ、来年度予算の概算要求を3倍化しています。消費税の大増税の一方での税金の私物化を徹底追及していきたい。

（以上、日曜版19年10月13日号）

第二章　国会質問で首相と直接対決

■大手メディアに後追いの動きなし

日曜版2019年10月13日号の桜を見る会疑惑のスクープ報道。取材に応じてくれた安倍晋三首相の後援会関係者からは驚きの声が上がりました。「自分はこれまで、桜を見る会は安倍後援会の行事だと思い、参加していた。税金が入っていることは知らなかった」。自民党閣僚経験者は「こんなに大量の後援会員を、税金で招待していたことには本当に驚いた。公私混同だといわれても仕方がない。安倍首相の命取りになるかもしれない。大変深刻な疑惑だ」と語りました。

しかし大手メディアがこの疑惑をとりあげることはありませんでした。編集長の山本はデスクの山田にいいました。「おかしい。メディアが絶対に後追いするような内容なのに。なぜだろう……」

スクープ報道を紹介した日曜版ツイッターへの反応も悪くありません。日曜版記事を引用したネットニュースにも大きな反響が寄せられました。国会の日本共産党議員の事務所にも数社から連絡がきていました。しかし「桜を見る会の国会質問はいつ、誰が、やりますか」といった問い合わせがほとんどでした。

赤旗報道の後追いではなく、国会議員が質問してくれれば、報道しやすい――。そんな話は以前からよく聞いていました。国会質問であれば「〇〇議員がこう指摘した」という形で報じることができ、メディアは責任を負わないで済むからだそうです。山田は取材班のメンバーにいいました。「国会で取り上げてもらうまでは、しばらく〝ひとり旅〟を覚悟した方がいいかもしれない」

■ネット調査で新文書入手

10月6日には過去最強クラスの台風19号が発生。関東甲信越、東北地方で大規模な河川氾濫《はんらん》や土砂災害が起きました。取材班のメンバーも災害取材のため、長野県や福島県に飛びました。そんななかでもネット調査を続け、新たな文書を入手しました。15年4月18日の桜を見る会に参加した山口県下関市の男性が記したものです。

「18日午前6時半、私たち一行は（集合場所の）全日空ホテル前に着いた。そこにはすでに山口県からの参加者約800名が集まっていた。（中略）15台のバスに分乗して7時15分出発、15分後（新宿御苑の）新宿門に到着（中略）写真撮影の準備が始まり、15グループに分かれ、さらにAとBにまとまって安倍総理の到着を待った」

会場内での飲食の提供についても「最初のテントでタケノコ弁当を、次のテントではチマキを、さらに次のテントでは升酒をお願いした。まさに食べ歩き、飲み歩きである」と

資料12　招待範囲が明記された「桜を見る会『開催要領』」

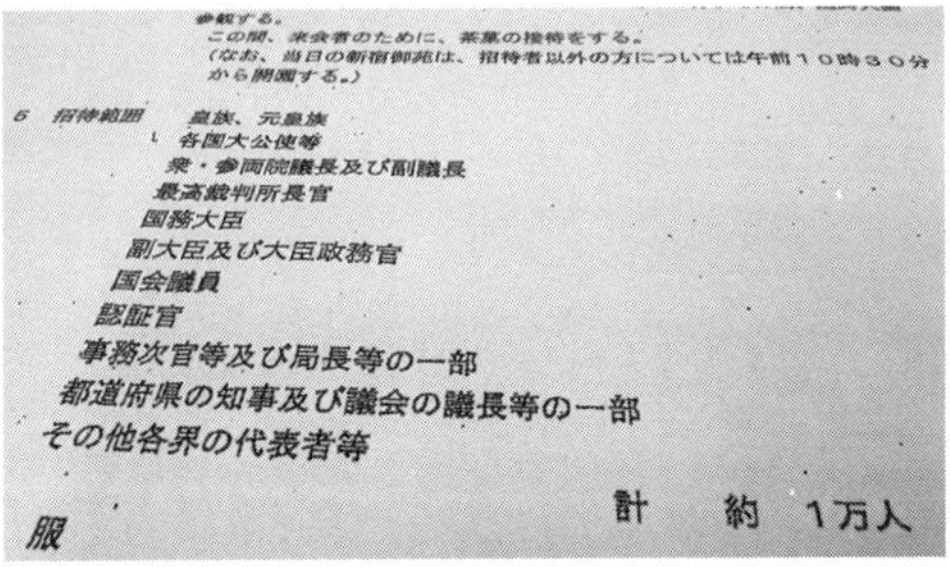
参観する。
この間、来会者のために、茶菓の接待をする。
（なお、当日の新宿御苑は、招待者以外の方については午前１０時３０分から開園する。）

５　招待範囲　皇族、元皇族
各国大公使等
衆・参両院議長及び副議長
最高裁判所長官
国務大臣
副大臣及び大臣政務官
国会議員
認証官
事務次官等及び局長等の一部
都道府県の知事及び議会の議長等の一部
その他各界の代表者等

計　約　１万人

服

（注）2019年１月の閣議で配布された文書。安倍晋三後援会を含む項目はありません。

記しています。

19年の参加者が手記に書いた「バス17台」とも符合する内容です。やはり毎年、安倍首相の後援会関係者が大量に参加していたことは間違いありません。

■会計検査のプロは見た

税金の使い方を監視するプロは、桜を見る会の現状をどう見ているのか。複数の会計検査院ＯＢが取材に「本来の招待範囲を逸脱している」と答えました。

元調査官が注目するのは、19年１月に閣議で配布された「桜を見る会『開催要領』」と題する文書です。「招待範囲」となっているのは「皇族、元皇族」「各国大公使等」「その他各界の代表者等」など11項目。安倍後援会の項目は当然、ありません。**【資料12】**

元調査官は「安倍首相は、招待範囲にある『各界の代表者等』の〝等〟の１字を根拠に自身の後援者を招いているのでしょう」と解説。しかしこのような拡大解釈は不適切だと批判します。

「開催要領のような行政文書で〝等〟が示す範囲は、ほぼ同等でなければ認められません。安倍後援会の後援会員のように、まったく関係ない人物の招待は想定していない」

別の検査院関係者も「一般論として、開催要領や予算にもとづかない支出をした場合、会計検査院が『改善の処置を要求』したり、税金が無駄になった『不当事項』に認定したりすることが考えられます」と語ります。

この検査院関係者は、開催要領で招待者数を「約1万人」と明記していることにも注目しました。「要領の人数や予算の範囲で招待するよう努めるのが当然です。毎年の大幅超過はおかしい」と指摘します。「自分が担当調査官なら、招待者名簿を提出させ、『なぜ山口県の功労者が多いのか』と指摘するでしょう。日曜版の記事にあるように安倍事務所の人選による招待だと確認できれば、まさに『招待範囲外』となります」

検査院関係者はさらに、安倍政権が国会で招待者名簿を「破棄した」(19年5月)と説明していることも批判します。「招待者名簿などは参加者数の把握に必要です。参加者の増加を理由にして予算以上に支出しているのだから、なおさら『破棄』ではすまされません」

桜を見る会に安倍首相の後援会関係者が大量に参加していることを会計検査院OBが批

判したことで、取材班は自信を深めました。

■国会質問のチャンス到来

「桜を見る会で国会質問したい」。19年10月下旬、日本共産党副委員長の田村智子参院議員の事務所から日曜版編集部に連絡が入りました。質問の予定は10月31日の参院内閣委員会。取材班は国会質問の準備に全面協力しました。

首相主催の公的行事に、自らの後援会関係者を大量に招待したという桜を見る会疑惑。この疑惑に答えることができるのは安倍首相だけです。あいにく参院内閣委員会には首相は出席しません。しかし、事態は急転しました。

「文春砲」で有名な『週刊文春』。同誌が電子版（19年10月30日）で、参院選広島選挙区で初当選した河井案里陣営が、車上運動員に違法な報酬を支払った疑惑を報じました。それを受け、河井克行衆院議員は法相を辞任。国会日程が動き、田村議員の質問は11月8日の参院予算委員会に変更されました。安倍首相も出席し、ＮＨＫの中継も入ることになりました。

桜を見る会疑惑について赤旗日曜版の取材にいっさい回答しない安倍事務所。予算委員会での追及に安倍首相はどう答えるのか――。

質問当日、取材班は編集部内のテレビで田村議員の質問を見守りました。安倍首相本人をどこまで追い詰めることができるのか――。いよいよ田村議員と首相との直接対決です。

「安倍内閣のモラルハザードが問われていますが、私は総理自身の問題を質問いたします」。こう切り出した田村議員は、日曜版の取材で明らかになった証拠と証言でまず外堀を埋めます。桜を見る会に後援会関係者を多数招待していたことを「告白」している複数の自民党国会議員のブログを示しました。

――「地元福井の後援会の皆様も多数お越し下さり、たいへん思い出深い会となりました」（稲田朋美衆院議員の「日々の活動報告」＝２０１４年4月12日）。**【資料13】**

――「選挙のうぐいす嬢の皆様をはじめ後援会

資料13　第２次安倍内閣（2012年12月～14年９月）で閣僚だった稲田、茂木両氏のツーショット

稲田朋美 日々の活動報告
平成26年4月12日(土)　桜を見る会
安倍総理主催「桜を見る会」が新宿御苑で開催されました。
写真は会場でお会いした茂木敏充経済産業大臣です。
今年は快晴で、御苑の八重桜も満開でした。
地元福井の後援会の皆様も多数お越し下さり、たいへん思い出深い会となりました。

（出所）2014年４月、稲田氏のブログから。

の皆様と参加致しました」（松本純衆院議員の「国会奮戦記」＝2015年4月18日）。【前掲51ページの**資料11**】

――「今年は平素ご面倒をかけている常任幹事会の皆様をご夫婦でお招きしました」（萩生田光一文科相の「はぎうだ光一の永田町見聞録」＝2014年4月18日、当時は自民党総裁特別補佐）。【前掲同ページの**資料10**】

田村　後援会・支援者の招待枠を自民党のなかで割り振っているのではないか。

首相　私は主催者としてのあいさつや、招待者の接遇《せつぐう》は行うが、招待者の取りまとめ等には関与していない。

他人事のように答える安倍首相。田村議員は首相自身の問題に切り込みます。示したのは、日曜版で報じた安倍首相の後援会員の証言。「2月ごろ、下関市の安倍事務所から〝桜を見る会に行きませんか〟と案内が来た。名前や住所などの必要事項を紙に書いて安倍事務所に送り返すと、内閣府から桜を見る会の招待状が届いた」

田村　安倍事務所が取りまとめをしなければ、下関市の後援会員の名前や住所がどうして分かるのか。

首相　招待されたかを含め、個人に関する情報なので回答を差し控えている。

「個人情報」を理由に答弁を拒否する安倍首相。田村議員はさらに、「10メートル歩いたら、山口県の人に出会うわよ！」と自民党の片山さつき参院議員に声をかけられた様子を記していた藤井律子山口県周南市長のブログ**【資料14】**や、同県内の自民党地方議員のブログを紹介。動かぬ〝証拠〟でたたみかけます。

資料14　藤井律子山口県周南市長（当時は県議）の「桜を見る会」報告ブログ

私は、その花道の傍の人垣の中にいました。

総理が目の前に来られた時、思い切って大きな声で、

「安倍総理！」

と、声をかけました。

嬉しいことに、総理はすぐに気づかれて
「あ、りつ子さん！昨日はどうも！」

と、声をかけていただきました。

私も、

「昨夜は遅くまでありがとうございました！」

と申し上げました。

いつお会いしてもお元気な片山さつき先生と自民党山口県連の鈴木局長（右）と記念撮影。

その花道の両側に集まられる人の多さに、総理の人気の高さを改めて感じました。

また、国会議員さんは、それぞれにご自分の後援会の皆さんを案内されておりますので、山口県からも多くの方が出席されていました。


たくさんの方との出会いの中で、片山さつき先生とも久しぶりの再会を果たしました。

「今日は、山口県からたくさんの人が来てくださっているわね～。10メートル歩いたら、山口県の人に出会うわよ！」

と、いつものように元気よくお声をかけていただきました。


私は、この桜を見る会へご案内をいただいたのは今回で3回目です。

1回目は夫が亡くなる前の年の平成12年。**幹事長として小渕総理から**ご案内を頂き、二人で参加させていただきました。

2回目は平成26年。**安倍総理から**ご案内をいただき、あの広い会場で偶然にも出会い、声をかけていただきました。

2014-04-22　桜を見る会に参加して
そんなことを想い出して、感慨深いものがありました。

安倍総理には、これからもお元気で、益々のご活躍をお願いしたいと思います。

（出所）2018年５月、藤井氏のブログから。（画像は一部加工）

田村　桜を見る会は、安倍晋三後援会の桜

を見る会前夜祭とセットで、総理が後援会や支援者、山口県の関係者の御苦労を慰労し親睦《しんぼく》を深める、そういう行事になっているのではないか。

首相　懇親会に出席して写真等を撮っているのは事実。

大手メディアが公表している「首相動静」（19年4月13日）。午前7時48分に安倍首相は新宿御苑に到着し、7時49分に妻の昭恵氏とともに地元の後援会関係者らと写真撮影しています。しかし桜を見る会の開門及び受付時間は午前8時30分です。

田村　まさに後援会活動そのものじゃないですか。なんで開門前に山口の後援会員のみなさんと、あなたは写真を撮っているのか。

首相　招待者の受付時の対応に関する情報はセキュリティー（安全）に関わるので、回答を差し控えさせていただく。

今度は「セキュリティー」を理由に逃げる安倍首相。田村議員は、日曜版が報じた下関市の後援会員の証言「到着すると、安倍事務所の秘書らがバスの座席を回って入場のための受付票を回収（中略）まとめてのチェックインで手荷物検査はなかった」を紹介します。

田村　開門前に手荷物検査もしないで大量に入ったら、それこそセキュリティー上の問題じゃないですか。

田村議員は最後に指摘しました。

田村　桜を見る会は参加費無料なんです。会場内でも無料で樽酒その他のアルコール、オードブルやお菓子、お土産を振る舞う。これを政治家が自分のお金でやったら明らかに公職選挙法違反。そういうことをあなたは、公的行事で税金を利用して行っている。まさにモラルハザードは安倍総理が起こしている。

質問が終わると、国会中継を見ていた日曜版編集部員から、歓声と拍手がわき起こりました。

■大反響の田村質問

田村議員の国会質問には大きな反響がありました。

資料15　日本共産党田村智子議員の追及に注目した立憲民主党代表の枝野幸男議員のツイート

枝野幸男 りっけん 立憲民主党
@edanoyukio0531
党派を超えて、数年に一度の素晴らしい質疑だったと思います。
少し長いかもしれませんが、やり取りに引き込まれて、あっという間に感じます。
多くの方にご覧いただきたいとお願いします。
「桜を見る会」が首相後援会の恒例行事に
youtu.be/FqG_eybQ_ZE @YouTubeさんから
「桜を見る会」が首相後援会の恒例行事に
2019.11.8 田村智子議員が追及 参院予算委員会
youtube.com
午後4:07 · 2019年11月9日 · Twitter Web Client
6,431 リツイート　1万 いいねの数

（出所）2019年11月９日、枝野氏のツイートから。

立憲民主党の枝野《えだの》幸男《ゆきお》代表は自身のツイッターで「党派を超えて、数年に一度の素晴らしい質疑だったと思います」と書き込みました。田村議員の追及の動画のリンクを張り、「少し長いかもしれませんが、やり取りに引き込まれて、あっという間に感じます。多くの方にご覧いただきたい」と呼びかけました**【資料15】**。参院予算委員会に所属する他の野党議員も「圧巻の質疑　タムトモ史上最高でした！！！」（国民民主党の森ゆうこ参院議員）、「田村智子議員の『総理主催の桜を見る会』に関する予算委員会質疑が見逃せません」（立憲民主党の蓮舫《れんほう》参院議員）と紹介しています。ツイッターでは「桜を見る会」がトレンドで一時的に2位を記録しました。

他方、大手メディアの報道は低調でした。質問当日の11月8日、テレビでまともに報じ

たのはTBSの「NEWS23」ぐらい。翌9日の大手紙も「毎日」が「桜を見る会『後援会優遇』指摘　首相『関与していない』」と囲み記事にしたぐらいで、「朝日」はベタ記事でした。ベタ記事とは、新聞業界用語で、新聞の目立たないスペースにある、一段見出しの、重要性の低い記事のことです。

質問から3日後の11月11日。野党の国会対策委員長連絡会議で、「総理主催『桜を見る会』追及チーム」の発足が決まりました。日本共産党のほか、立憲民主党、国民民主党などの共同会派が結束して真相解明にあたることになったのです。

ツイッターなどSNSでも話題となるなか、テレビのワイドショーは11月12日の朝から、いっせいに大きく報じはじめました。取材班メンバーの携帯電話に大手紙幹部から連絡が入りました。「ワイドショーをみた編集幹部から、取り上げろといわれている。日曜版のスクープだったんでしょう。内容を教えてください」。翌13日になって、大手紙もやっと大きくとりあげはじめました。

ここには大手メディアが抱える深刻な問題があります。

毎日新聞の「開かれた新聞委員会2020」の座談会に興味深いやりとりがあります。

（「毎日」20年1月4日付）

毎日政治部長　「（桜を見る会の問題は）11月8日の参院予算委員会での共産党議員の

質問で火がついたのですが、この質疑については翌日の朝刊記事でその面白さを伝えきれませんでした」

統合デジタル取材センター長　「問題の質疑についてはツイッターで11月8日当日の夜から騒ぎになっていました。ネット上でこれだけ話題になっているのでデジタル毎日で取り上げた方がよいと判断し、アップされた動画を見るなどして、9日の土曜日夜に記事をアップしました」「それが反響を呼んで週明け以降に問題がどんどん大きくなっていきました。特徴的なのはツイッターから始まったこと、そして我々も背中を押されるように取材を進めていきました」

■市民と野党の力で

新型コロナウイルス感染拡大の緊急事態宣言の中、突然持ち上がった検察庁法改定案。これに対して数百万のツイッターデモが起きました（20年5月8日～）。国会での野党の共同したたたかいもあり、廃案に追い込みました（6月17日）。コロナ禍の中でもかつてない多くの人が「こんな政治でいいのか」とSNSなどで声を上げています。

市民の世論と野党の共闘は、安倍政権だけでなく、大手メディアの姿勢を変える力も持っています。桜を見る会疑惑もこの力によって、ついに国政の重大問題となったのです。

街頭で国会中継を流しながら解説を加える活動「国会パブリックビューイング」でも桜を見る会疑惑をめぐる田村議員の国会質問を取り上げました。その代表の上西充子氏（法政大学キャリアデザイン学部教授）は、日曜版編集長の山本との対談の際に一つの疑問をぶつけました。「桜を見る会の実態を知っていたはずの大手メディアではなく、なぜ実態を知らなかった赤旗がスクープできたのか」

その答えが、朝日新聞記者の「取材考」にありました。

――「桜を見る会」は、それまでも予算や出席者の増加が報道でたびたび話題になっていた。招待された芸能人の画像がＳＮＳ上にアップされる会のありように私も違和感を抱いていたが、公的行事の「私物化」というところまで思いが至らなかった。田村氏は「マスコミ関係者でも『予算委を見て異常だったと気付かされた。感覚がまひしていた』という人もいた」と述べた。私も、そんな記者の一人だった。（「朝日」20年1月8日夕刊）

メディアにとって、物事をどう本質的に見るかは重要です。日曜版がスクープできたのは、桜を見る会疑惑を「私物化」の視点からとらえ、「私物化」は安倍政治の本質と見ていたからです。

20年1月に開かれた日本共産党第28回大会。安倍政権を「強権とウソと偽りと忖度《そんたく》の、究極のモラル破壊の政治」（第一決議）と指摘しました。「究極のモラル破壊の政治」を象徴するのが「私物化」。安倍政権はこれまでも「森友・加計」疑惑で行政を私物化しました。安倍首相夫妻と仲の良いお友達が、森友疑惑では国有地を格安で払い下げてもらいました。加計疑惑では、獣医学部の新設で特別の便宜がはかられました。こんなことが許されたら、日本は法治国家でなくなってしまいます。各界で功績、功労があった方々を招待するはずの桜を見る会に、安倍首相が自らの後援会関係者を大量に招待しているのは、まぎれもない公的行事の私物化です。

国政私物化の根源は、14年7月の集団的自衛権行使容認の「閣議決定」、15年9月の安保法制＝戦争法の強行です。戦後60年あまりも続いた「憲法9条のもとでは集団的自衛権は行使できない」という憲法解釈を安倍政権は〝改ざん〟し、憲法を私物化したのです。安保法制の強行により立憲主義・民主主義を破壊したことが、底なしの政治モラルの崩壊につながりました。

■疑惑のナンバー「60」

参院予算委員会での田村議員の質問に安倍首相は、「主催者としてのあいさつや招待者の接遇は行うが、招待者の取りまとめ等には関与していない」と弁明しました。自分は招待者の選定にかかわっていないというのです。しかし複数の後援会員の証言から、下関の安倍事務所が招待者の取りまとめをおこなっていたことは間違いありません。

取材班は、安倍首相が招待者の選定にかかわったことを裏付けるものとして、桜を見る会の招待者に割り振られた「区分番号」に注目しました。「区分番号」は、内閣府が招待者に「招待状」とともに送った「受付票」に記載されていました。2桁の数字で、招待者がどのような〝枠〟で招待されたのかを示します。

本田がこの区分番号の存在に気付いたのは、田村議員が国会で質問した翌日(11月9日)の夕方でした。質問への反響を確認するなかで、あるツイッター上の書き込みが目にとまりました。

「『桜を見る会』の受付票にはコード(xx-yyyy)がありまして、それを隠さずに画像をアップしている人もいるので、分析してみたら」

インターネット上にはこれまでも、取材を進める上での重要な指摘がいくつもありました。桜を見る会の受付票の写真はインターネット上にあふれていました。それらを取材班は保存・収集していました。投稿者が招待を受けた証拠だったからです。しかし、そこに書かれた番号には注目していませんでした。改めて写真を確認してみると、たしかに2桁の数字で招待者がグループに分けられているようです。

本田は、すぐにグループチャットで共有しました。「受付票の2桁は分類で間違いなさそうです。招待状を毎年（ネット上に）投稿している人物の番号を照合したところ、過去5年にわたって『60』でした」

同じ人物が毎年同じ区分番号の受付票で招待されている――。ここに、安倍首相側が招待者の取りまとめに関与したことを証明するカギがあるのではないか。

グループチャットでデスクの山田がいいました。「面白い。その数字の分類表があるかもね」。区分番号をつけるには、分類表のようなものが必要です。本田は山田に返信しました。「（分類表を）捨てていたら毎年同じ番号にはならないはずです」

受付票にある2桁の番号が分類だとすると、首相が関与した招待者らは何番だったのか――。手元にあった受付票の写真を調べると、桜を見る会に招待された山口県在住者のSNSの投稿がありました。番号は「60」。招待された理由を知人に聞かれ、「義父が（首相と）お友達&主人が後援会に入っているから⁉」と応じていました。前後の投稿を確認すると、安倍後援会主催の前夜祭にも参加していました。

■ついに案内状発見

安倍首相の招待者枠は「60」ではないのか――。そう確信した本田は、帰宅する電車のなかでもスマートフォンで受付票の画像を載せたSNSの閲覧を継続。そして、ついに安倍事務所から後援会関係者に送られた、桜を見る会の「案内状」を見つけました。

安倍事務所による桜を見る会の「案内状」の写真があったのは、以前から注目していた、安倍首相の後援会員のフェイスブックでした。投稿は19年2月10日。内閣府は毎年3月に招待状を発送していますが、それよりも前の日付です。案内状には「2月吉日　安倍晋三事務所」の記載のほか、こんなことが書かれていました。

「ご出席をご希望される方は、2月20日までに別紙申込書に必要事項をご記入の上、安倍事務所または、担当秘書までご連絡くださいますよう、よろしくお願い申し上げます」

「内閣府での取りまとめになりますので、締切後の追加申込はできませんので、ご了承ください」

スマートフォンを操作する本田の指がふるえました。この案内状が本物なら、安倍事務所が参加希望を募っていたという証拠になります。この人は、その1カ月後の3月10日の投稿では招待状と受付票の写真を掲載し、「安倍総理と『桜を見る会』平成最後の招待状が来た。今年で5回目の参加になります。」と書き込んでいました。受付票の区分番号は「60」。安倍事務所が取りまとめた招待者の区分番号はやはり「60」でした。安倍首相が国

資料16　初めて案内状の存在を報じた赤旗日曜版

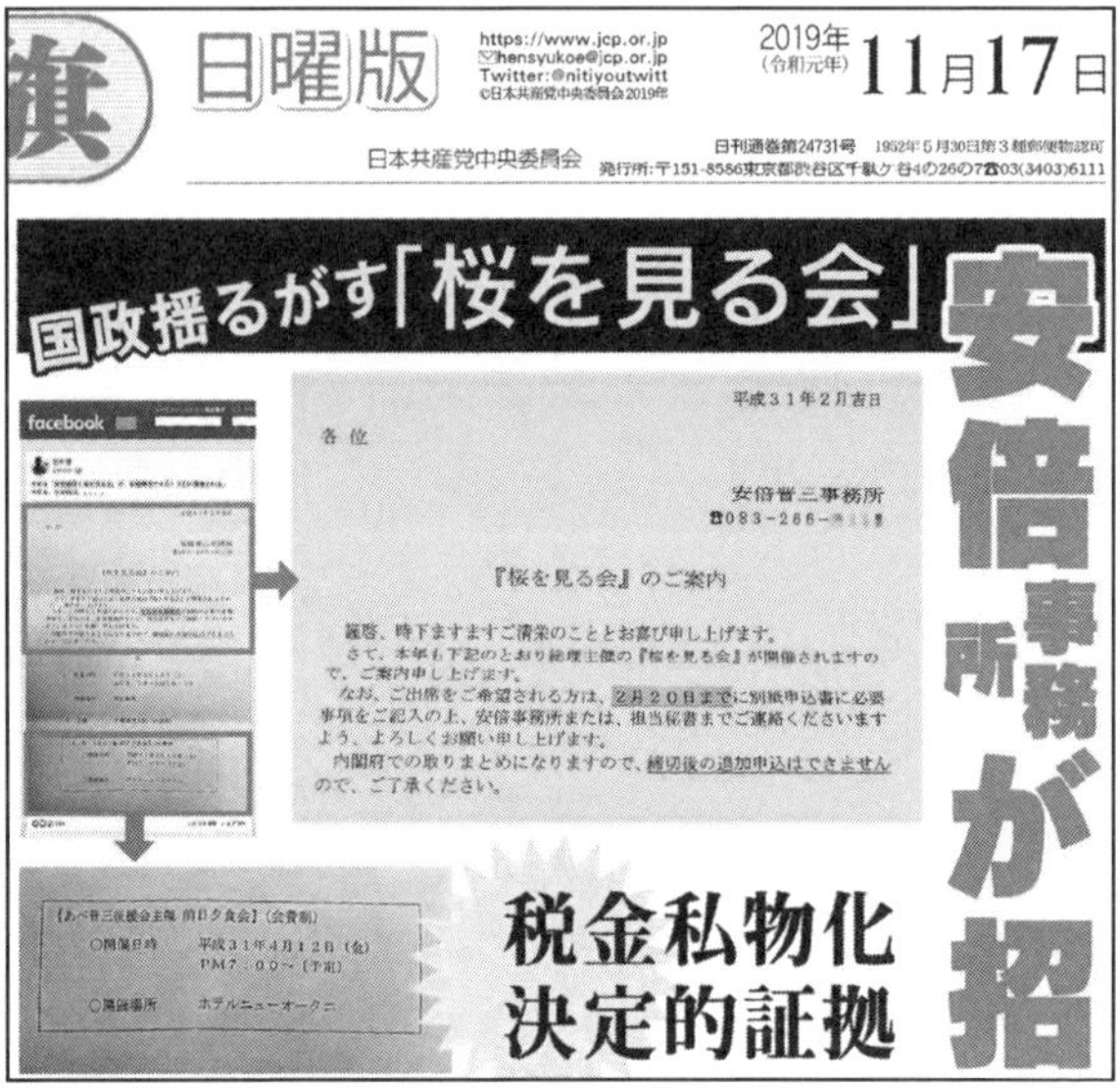

（出所）「しんぶん赤旗日曜版」2019年11月17日号。

会で、招待者取りまとめへの自身の関与を否定してからわずか1日のことでした。

　本田が突き止めた安倍事務所の案内状の写真。これが本物であることの確認をとるため取材班は、フェイスブックの情報をもとにこの後援会員の連絡先を調べ、笹川が電話しました。

「赤旗です」と笹川が名乗ると後援会員の男性は「何か用ですか」とやや驚いた様子。「フェイスブックに載せている安倍事務所の文書は本物ですか」と聞くと、「安倍事務所から送られてきたものだ」とあっさり認めました。

　この後援会員は下関市出身で、現在は東京都内に在住しています。「桜を見る会には毎年、参加しているよ」「文書は2月に安倍事務所から封書で送られてきた」「事務所から案内状が来たから参加しただけ。何か悪いことでもあるの？」

案内状は、そのほかの後援会員や自民党関係者にも確認してもらいました。複数の後援会員が「確かに安倍事務所から送られてきたものだ」と認めました。【資料16】

■判明した招待経緯

「『桜を見る会』のご案内」の文書や取材班に対する後援会員らの証言で、安倍事務所による招待者の取りまとめの詳細が明らかになってきました。複数の後援会員が「『案内』に同封された参加申込書に名前や自宅住所、配偶者などを書いてファクスで安倍事務所に送ると、内閣府から招待状が届く」と語りました。

19年11月12日の衆院本会議。菅官房長官は桜を見る会の招待者について「各界で功績、功労のあった方々などを幅広く招待している」と説明しました。

しかし安倍事務所からの案内状や申込書を見ても、功績や功労について記入する欄はありません。「功労者かと問われることはなかった」と複数の参加者は語りました。証言は次々に集まってきました。

――「申込書とは別に、東京都内の観光コースを選ぶ用紙もあった」（会社経営者の後援

会員）

――「上京のための飛行機やホテルの〝要否〟を記入する紙があった。飛行機やホテルを手配しているのは安倍事務所だ」（下関市の自民党関係者）

――「安倍事務所が手配した旅行会社に費用を支払った」（都内に住む後援会員）

――「申込書をコピーして知人を誘うことは普通にやられていた」（自民党関係者）

これらの証言から、公的行事である桜を見る会を目玉にして、安倍事務所が後援会旅行をおこなっていたことが改めて浮かび上がってきました。

■突然の「中止」発表

国政の大問題に浮上した桜を見る会疑惑。日本共産党の志位和夫委員長は「桜を見る会を安倍後援会が私物化し、国民の血税を使って買収を行っていた疑惑」（19年11月14日の記者会見）と厳しく批判しました。自民党幹部らも弁明せざるを得なくなりました。

自民党の石破《いしば》茂元幹事長は「党の役職をしているときに（自身が招待できる）枠があったが、使ったことはない」（「毎日」11月12日付）と述べました。自民党の二階俊博《としひろ》幹事長は会見（11月12日）で、後援会員を招待する是非を問われ「議員は選挙区の皆さんに、機会あるごとに呼びかけてご参加いただくことに配慮するのは当然」と開き直りました。

大反響の田村質問とあわせて、案内状の存在を報じた日曜版11月17日号72ページ【前掲の**資料16**】。11月13日午後からの印刷でした。同じ日の午後の記者会見で、菅官房長官は突如、20年度の桜を見る会の開催を中止すると発表しました。

日曜版スクープ（10月13日号）からちょうど1カ月。田村議員の国会質問（11月8日）から1週間もたっていません。

これまで様々な問題を指摘されても、非を認めずに居直ってきた安倍政権。なぜ今回は早々と中止を決めたのか。デスクの山田の疑問に編集長の山本はいいます。「国会で延々と追及されるのが嫌なんだろうね。この問題だけは、首相が自分で答弁しなきゃいけないから。予算から外して、少しでも追及の場を無くそうとしたのではないか。そんなに嫌なら、これからも徹底的に追及していこう」

■決定的〝物証〟を入手

疑惑追及を続けた取材班。ついに、安倍事務所が桜を見る会を私物化していることを裏付ける決定的〝証拠〟を入手しました。

安倍事務所作成の8枚の文書。２０１９年4月13日に開かれた桜を見る会の「案内状」などの実物で、後援会関係者に配られたものです。【次ページの**資料17**、巻末でこの8枚

資料17　日曜版編集部が入手した安倍事務所の「案内状」

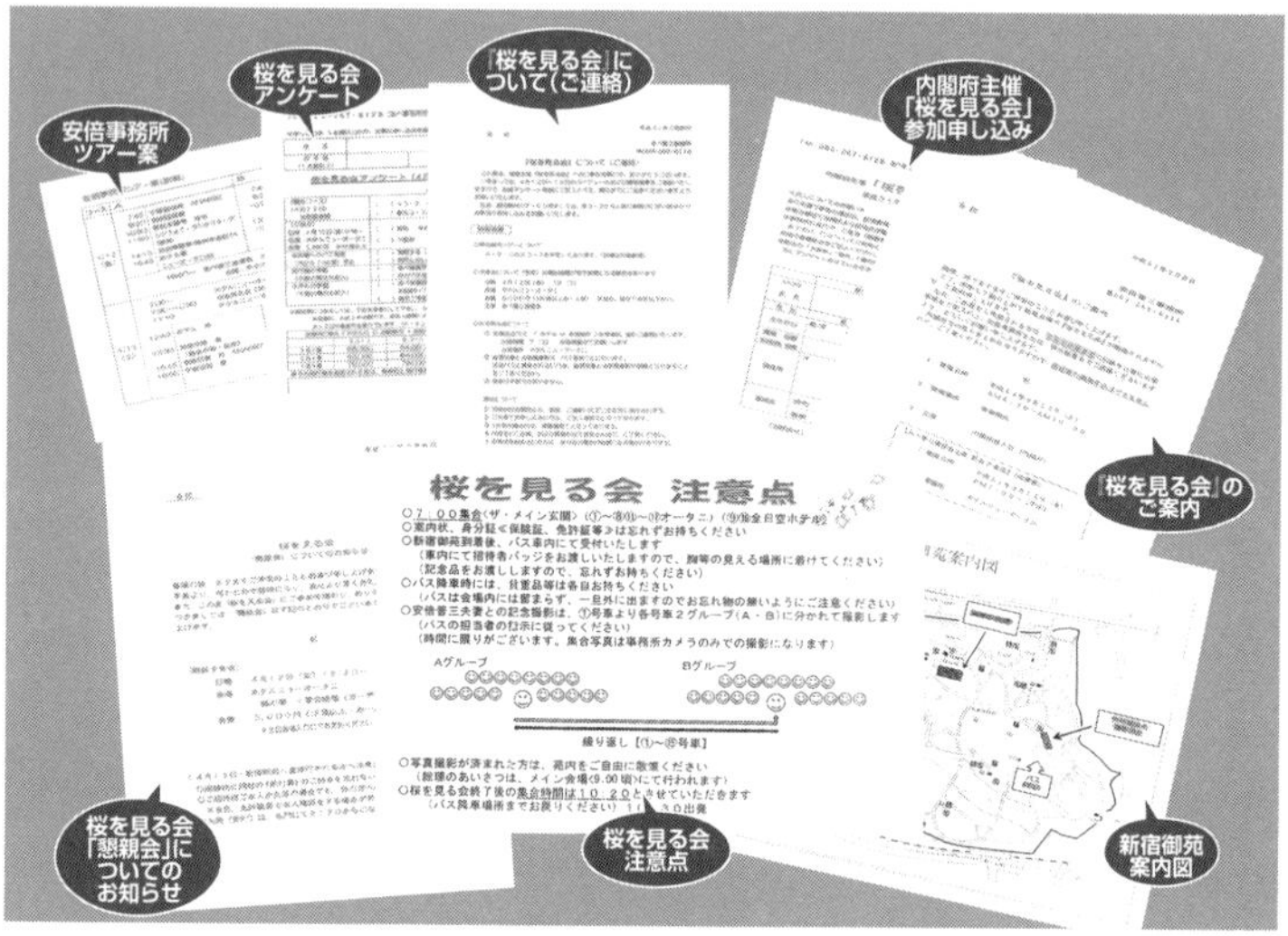

の文書全文をそのまま初めて公表】

まず、「『桜を見る会』のご案内」と題された文書【巻末資料①】です。日付は「平成31年2月吉日」。差出人は、安倍晋三事務所です。少し長くなりますが、大事な部分なので引用します。

「本年も下記のとおり総理主催の『桜を見る会』が開催されますので、ご案内申し上げます」「ご出席をご希望される方は（中略）別紙申込書に必要事項をご記入の上、安倍事務所または、担当秘書までご連絡くださいますよう、よろしくお願い申し上げます」

桜を見る会の参加を安倍事務所が取りまとめていたことは明らかです。安倍首相は国会での田村議員の追及に「招待者の取りまとめ等に関与していない」（11月8日、参院予算委員会）と答弁しました。これが虚偽答弁だったことを示すものです。

安倍事務所作成の文書「内閣府主催『桜を見る会』参加申し込み」**【巻末資料②】**。ここでは「後日郵送で内閣府より招待状が届きますので、必ず、現住所をご記入ください」と書いています。氏名、性別、生年月日、職業・役職、現住所などを記入する欄はありますが、同会の肝心の目的である「功績、功労」の記入欄はありません。しかも家族や知人、友人が参加する場合は、用紙を「コピーしてご利用ください」とまで書いています。

安倍首相は今回の問題について「長年の慣行」（11月15日）と弁明しています。問題は、「功績、功労」を問うこともなく安倍事務所が、後援会員を大量に招いたことです。参加申し込みのコピー使用を推奨することで、参加者が青天井《あおてんじょう》で膨れ上がる仕組みまで作っていました。

追い詰められた首相は、しぶしぶ関与を認めたものの「内閣府の最終的な取りまとめプロセスには一切関与していない」（11月20日、参院本会議）と苦しい言い逃れをしています。参加者を募りはしたが、招待者を決めたのは内閣府だというのです。

しかし、安倍事務所への「参加希望者」は、自動的に「招待者」に決まっています。それを裏付けるのが「『桜を見る会』について（ご連絡）」**【巻末資料③】**（以下「ご連絡」）

という「2月吉日」付の文書。冒頭には「総理主催『桜を見る会』へのご参加を賜わり、ありがとうございます」と書かれています。内閣府が参加者に招待状を郵送したのは3月。内閣府が招待状を郵送もしていない2月時点で参加が前提となっています。

公的行事である桜を見る会を、後援会行事の目玉にしていたことも明らかになりました。この「ご連絡」文書が、参加へのお礼を書いた上で、「開催概要」として「都内観光ツアー」「夕食会」、公的行事の「桜を見る会」を一連のイベントとして説明しているからです。

「桜を見る会アンケート」**【巻末資料④】**は、飛行機やホテルを「あべ事務所で手配」するか申込者本人が手配するかを問うています。首相は「(事務所が)代理店にお願いしてやっていた」(11月15日)と弁明していますが、実態は安倍事務所の丸抱えツアーでした。旅費についても「往復飛行機代＋ホテル代(1泊朝食付)＋移動バス代＋観光施設」として参考額を6万～7万9000円の幅で細かく明記しています。

さらに、具体的に事務所が企画する「安倍事務所ツアー案」**【巻末資料⑤】**として、A築地本願寺、B目黒雅叙園《がじょえん》、C横浜中華街方面など3ルートの観光スケジュールをこと細かく提案しています。参加者が選択するようになっていますが、すべてが桜を見る会に合流する形です。桜を見る会がツアーの目玉であることは明らかです。

参加者に配布した「桜を見る会　注意点」**【巻末資料⑦】**（以下「注意点」）。ここではバスの番号を①～⑰としています。山口県在住の女性の証言「集合場所のホテルニューオータニから大型バスで会場の新宿御苑に行きました。私が乗ったのは十数台目。号車や時間は安倍事務所の指定でした。バスは17台と聞きました」と一致します。

その上、この「注意点」に「安倍晋三夫妻との記念撮影は、①号車より各号車2グループ（A・B）に分かれて撮影します」と書かれていることも見逃せません。

なぜなら、**【巻末資料③】**として紹介した「ご連絡」文書には、「送迎バスに乗車されない方は、総理夫妻との写真撮影が困難となります」と書かれているからです。これは後援会員らがバスで入場し、首相と写真撮影することが〝特別の便宜〟だったことを雄弁に物語っています。

ほかに、「注意点」には「車内にて招待者バッジをお渡しいたします」とも書かれています。

日曜版（10月13日号）は、安倍後援会一行が手荷物検査もなくバス車内で受け付けをし、開場前に首相と記念写真を撮る特別扱いを受けていた、と報じました。安倍事務所作成文書は、日曜版報道を裏付けています。

内閣府はセキュリティーを理由に国会でも桜を見る会のバス参加者に関する具体的内容

については詳細を説明していません。しかし、安倍事務所は「新宿御苑案内図」【巻末資料⑧】にバスの乗降場所や首相との写真撮影の場所を明記し、数百人のバス利用者に配布したとみられます。これこそセキュリティー上の大問題です。

安倍事務所作成の文書には、桜を見る会の前日に開かれた「前夜祭」の記載もあります。「3月吉日」付の「桜を見る会『懇親会』についてのお知らせ」【巻末資料⑥】。ここには「会場　ホテルニューオータニ鶴の間」「会費5000円（18歳以上・お一人様）※当日会場入口にてお支払ください」と書かれています。

2019年の前夜祭は、安倍晋三後援会の主催で4月12日、ホテルニューオータニで開かれました。会費は5000円。安倍首相はぶら下がり会見（11月18日）で、参加者数は「約800人」と説明しています。

前夜祭をめぐっては、政治資金規正法違反と公職選挙法違反の疑いが指摘されています。政治資金規正法は、対価を徴収しておこなわれる催しを「政治資金パーティー」と規定し、収入や経費を収支報告書に記載するよう義務付けています。安倍事務所の文書には「会費5000円」と明記しています。ところが、安倍首相が代表の政党支部や関係する政治団体の収支報告書には、前夜祭の収支の記載がありません。政治資金規正法違反（不記載）の疑いがあります。神戸学院大学の上脇博之教授は指摘します。「政治資金規正法は、政治団体のすべての収支の記載を義務付けている。前夜祭の主催は明らかに安倍後援会。会場代や飲食費だけでなく、案内状の郵送代などの支出もあるはずで、政治資金規正法違反（不記載）の可能性がある」

この疑惑について首相はぶら下がり会見（11月15日）などで釈明。会費5000円は「ホテル側が設定した価格だ」と説明しました。しかし……。

桜を見る会の参加希望者に配った安倍事務所のアンケート用紙**【巻末資料④】**。3月8日が申し込み締め切りのこの文書には、「夕食会」（前夜祭）の会費が5000円と明記され、参加か不参加かを記入するチェック欄があります。まだ参加者の数も決まらず、ホテル側が料金を設定できるはずもない時期に、安倍事務所側が会費を決めていたことを示す〝証拠〟です。取材によると5000円の会費は数年前から変わっていません。首相の説明と矛盾します。

もしホテルへの支払いの不足分を安倍事務所などが補てんしていたら公職選挙法で禁じられている有権者への寄付行為にあたります。首相の説明には他にも不可解な点が……。

「安倍事務所や安倍晋三後援会としての収入、支出はない……受付で安倍事務所職員が1人5000円を集金し、ホテル名義の領収書をその場で手交し、受け付け終了後に集金したすべての現金をホテル側に渡した」（11月15日、官邸ぶら下がり会見）

この首相の説明についても上脇教授は「明らかに不自然だ」と指摘します。「安倍事務所職員が集金したなら、事務所か後援会名義の領収書を渡すべきだ。関与がないと偽装するため、ホテル名義の領収書を使ったのではないか」

■シュレッダー疑惑

安倍首相が大量の後援会関係者を招待していたことは、桜を見る会の招待者名簿を作成していた内閣府も当然知っていたはずです。招待者名簿には、大量の安倍首相の後援会関係者の名前が載っていたからです。

19年4月の桜を見る会開催から約1カ月後の5月9日。日本共産党の宮本徹衆院議員は、質問準備のため、同会の資料を要求しました。宮本議員が資料請求した1時間後、内閣府は、保管していた桜を見る会の招待者名簿などをシュレッダーにかけて廃棄しました。

内閣府は桜を見る会の招待者名簿について「保存期間1年未満の文書」として、会が催された後、「遅滞なく」廃棄したと説明しています。宮本議員が資料要求した直後となったことについては、「遅滞なく廃棄しようとしたが、（他部署とシュレッダーの）利用が重なった結果、大型連休明けになった」といいます。あまりにもできすぎた話です。しかも当時、名簿のバックアップ（予備）データは外部媒体に残っていました。しかし内閣府が復元を試みなかったため8週間後にはデータも消えました。

自民党閣僚経験者は「森友・加計疑惑と同じで、まずいものは改ざん・隠ぺい・廃棄が安倍政権のやり方。これでは独裁国家と同じだ」と指摘します。財務省幹部は「招待者名簿を破棄するなどありえない。会計検査の際、桜を見る会の支出が、目的にそった適正なものだったとの説明ができない。予算を執行するものとしてはありえないことだ」と呆れます。本書の57ページでも紹介していますが、会計検査院関係者は「招待者名簿は参加者数の把握に必要だ。参加者の増加を理由にして予算以上に支出しているのだから、なおさら『破棄』ではすまされない」と批判しています。

公文書管理法第1条には〝公文書は国民共有の知的資源で、適正な管理を図り、現在及び将来の国民に説明する責務が全うされるようにすることを目的とする〟（要約）と記されています。国民共有の財産である公文書さえ私物化し、自分たちに都合の悪いものは隠ぺいするのが安倍政権です。

米紙ワシントン・ポスト（19年11月27日付）は桜を見る会疑惑を「日本の首相、公文書、巨大シュレッダーの奇妙なお話」として報じました。一連の疑惑で安倍政権が公文書廃棄を繰り返し、桜を見る会の招待者名簿も巨大シュレッダーで裁断されたことに注目したものです。

同紙によると、米国には大統領記録法があり、大統領が触った全文書は歴史的記録として保存し、国立公文書館に送らなければなりません。しかしトランプ大統領は、見終わった紙を引き裂き、ゴミ箱に投げ込む長年の癖があります。（そのため今のホワイトハウスには、法律違反を避けるため、トランプ氏が破った紙の）破片を元通りにつなぎ合わせるためのチームがあるといいます。情報公開では、日本は米国など他の諸外国よりはるかに遅れているとし、さらに1999年に情報公開法が成立したものの、安倍政権はそれらの決まりを系統的に破り、同法の規定を後退させている、とまで指摘しています。

■「私人」が招いた仲間たち

税金を投じた公的行事・桜を見る会に安倍首相の妻、昭恵氏の招待枠があることは、日曜版（19年10月13日号）ですでに指摘しました。内閣府も「安倍事務所で幅広く参加希望者を募るプロセスの中で、夫人の推薦もあった」（19年11月20日、衆院内閣委員会）と認めています。しかし、昭恵氏の「お友だち」の招待者数などの全体像はいまだ不明です。

インターネットのSNSをチェックするなかで、桜を見る会に昭恵氏の「お友だち」が参加していることに気づいたのは、本田でした。

その一つ、昭恵氏が名誉会長を務めたスキーイベント関係者は、SNS（15年4月）にこう投稿していました。「イベントのご縁で、『桜を見る会』にお誘い頂きました。（中略）昭恵さんのご配慮に本当に嬉しく、また感謝しています」。投稿には、昭恵氏を中心に20人ほどが写っている宴会写真がついています。桜を見る会の前日に、そのグループで「前夜祭」を開いていたのです。

桜を見る会に参加した昭恵氏の「お友だち」のインターネット上の投稿を探す作業をしていた本田。昭恵氏を囲む前夜祭や桜を見る会当日の集合写真から、昭恵氏の「お友だち」招待を次々に洗い出していきました。

本田が洗い出した人物を、取材班の別のメンバーが直接、取材することにしました。19年11月22日、藤川が、昭恵氏の「お友だち」の携帯を鳴らしました。桜を見る会に参加した写真を昭恵氏がSNSにアップしていた岡山県の農業団体の中心メンバーです。「突然、電話でなんだ」。相手の声には嫌悪感が出ていました。藤川が非礼を詫びながらも、「不透明な税金の使い道を明らかにすることは報道の役割です」などと懸命に話すと、相手はポツリ、ポツリと語り始めました。

取材の結果、昭恵氏の招待枠と見られるこうした人たちの参加の経緯は、安倍首相の地元後援会員とは違うことが分かってきました。

安倍首相の地元後援会関係者の場合、安倍事務所に参加を申し込むと、内閣府から招待状が送られてくる仕組みでした。しかし昭恵氏の知人や名刺交換をした人の多くは、自らが申し込みをしなくても、毎年、内閣府から招待状が送られてくる、と証言しています。

「国民が汗水たらして働いて納めた税金で催される公的行事。そこになんで、森友問題にからんで『私人』と閣議決定された昭恵氏の『お友だち』が自動的に毎年呼ばれているのか」――藤川は強い憤りを感じました。

■招待は「選挙がんばったから」

一方、笹川は11月下旬、再び安倍首相の地元・山口県下関市に飛びました。安倍事務所【資料18】の内情に詳しい後援会関係者を取材するためです。

午前7時ごろ、この後援会関係者の自宅に到着。本人が外に出てくるのを待ちました。しかし、なかなか自宅から出てくる気配がありません。出てきたのは午前10時ごろ。「ぜひ話を聞かせてほしい」と頼みました。後援会関係者は「必ず連絡するから、待ってほしい」と言い残し、車で出かけました。

午後5時ごろ、後援会関係者から笹川の携帯電話に連絡がありました。「会ってお話しします」。待ち合わせたのは、下関市の安倍事務所の近くの駐車場。「後援会員や昭恵氏の友人グループを大量に招待するようになったのは第2次安倍政権以降だ」と語ってくれました。

笹川は、桜を見る会に参加した昭恵氏の「お友だち」も取材。昭恵氏がつくったマラソングループ「TEAM　A（チーム・エー）」の中心メンバーの男性です。

午前9時ごろ、下関市にある男性の自宅に行きました。留守だったため、男性の実家のインターホンを鳴らし、男性の母親に、携帯電話の番号を伝えました。翌日、男性から連絡がありました。昭恵氏との関係を尋ねると、男性は少し動揺しました。「マラソンをしたりするから、それは仲良くなりますよね。十数年前から知り合いですよ」。男性は14年から19年まで毎年、桜を見る会に参加していたといいます。「チームAのメンバーでは、山口県から数人、東京から数人が参加した」と話し

資料18　安倍首相の山口県下関市の事務所

ます。

「どういう功績、功労があって招待されたとお考えですか」。笹川の質問に男性は驚くような言葉を口にしました。

「招待されたのは、選挙活動に携わって、後援会活動に従事して頑張ったね、という功労だと思う」

招待された側も、桜を見る会への招待は〝選挙活動の見返り〟と認識していることを告白した、重大証言です。

■お友だち140人

「素晴らしい会にお招きいただき、本当にありがとうございました！」。16年4月、昭恵氏が自身のフェイスブックに桜を見る会での集合写真【資料19】を投稿すると、コメント欄に参加者からお礼の言葉が次々に寄せられました。

桜を見る会に招待された、昭恵氏の「お友だち」はいったい何人なのか――。昭恵氏が名誉職を務めた団体メンバーや、友人知人などの参加状況を調査した結果、13年以降では、確認できただけでも約140人（11月27日時点の判明分）の参加者が分かりました【後掲90ページの図3参照】。

菅官房長官は衆院内閣委員会（11月20日）で、19年の招待者約1万5000人のうち首相推薦が約1000人になると明らかにしました。首相推薦は第2次政権時から激増。この中には取材班が突き止めた昭恵氏の推薦分も含まれていました。「長年の慣行」などでは到底説明できません。

桜を見る会の本来の目的は〝功績、功労のあった人〟を招待して慰労することです。ところが、昭恵氏と関係する参加者を調べてみると、スキーやマラソンなど昭恵氏の「遊び友だち」が大量に含まれていました。

なお、その後の追加調査で新たに約60余人が判明。確認できた「お友だち」招待は200人超に達しました。田村議員の国会質問後には多くがSNSの投稿を削除しているので、これでも氷山の一角です。

資料19　昭恵氏が名誉職に就いていた団体の関係者らとの集合写真

（注）中央にいるのは昭恵氏と安倍首相。画像は一部加工。
（出所）2016年４月９日付の昭恵氏のフェイスブックから。

図3 「桜を見る会」参加者の140人超(判明分)が昭恵氏の関係者

名誉会長を務めたスキーイベント	16	毎年、約20人で参加
名誉顧問だった岡山県の農業集団	6	十数人で参加
女性の酒造仲間「Lady SAKE Project」関係者	10	
昭恵氏が中心になって立ち上げた「長州友の会」	17	
昭恵氏がつくったマラソンチーム「TEAM A」	11	山口と東京から数人ずつ
校長を務める「UZUの学校」の講師、関係者	17	
昭恵氏が企画・設立した複合施設「UZUハウス」プロジェクトメンバー	7	
名誉顧問だった女性農業関係団体	10	多い年で7~8人
昭恵氏がひきいる手話ダンスチーム「UZU」	7	
伊勢志摩サミットのディナー会場などを昭恵氏と演出	7	
昭恵氏のフェイスブックに招待のお礼を投稿した人	23	
対談やイベントで同席、訪問を受けるなどした人	36	
総計(重複除く)	**143**	

※人数は、2013~19年の集合写真などから個人名を確認できたもの。吹き出し内は編集部に関係者が証言した人数。一部は関係団体が重複

■あきれる自民関係者

自民党閣僚経験者もあきれます。

「昭恵さんの関係者も首相の枠で参加しているのだから、首相は知らなかったではすまない。しかも友だちまで呼んでいたとしたら、一切の言い訳はできない。文字通り、私物化の極みだ」

原則として同じ人を連続して招待しないよう内閣府は各省庁に配慮を求めています。しかし、昭恵氏に近いグループのメンバーは毎年参加し、恒例行事になっていました。

昭恵氏が名誉顧問だった岡山県の農業集団の関係者は参加のきっかけを話します。

「13年ごろ、昭恵さんと知り合った。『がんばる人をねぎらう会があるから来てみますか』と昭恵さんに言われ、桜を見る会に招かれた。14年から毎年参加している。恒例行事みたいなものと思っていた」

メンバーら十数人で参加した年もあるといいます。

昭恵氏が名誉顧問だった女性農業関係団体のメンバーは「17年以降、理事など7～8人が参加している」と語ります。

昭恵氏らが立ち上げた「長州友の会」メンバーはネット上に、桜を見る会で撮った集合写真を数多く投稿しています。友の会の運営委員の男性は、桜を見る会の参加者数について「複数参加しているが詳しくは分からない」と話しました。

昭恵氏とのわずかな接点だけで会に参加した人もいます。

埼玉県の男性です。「岡山で農業関係者から『アッキー（昭恵氏）が会いたがっている』と言われた。それがきっかけで、雑誌で対談し、店にも来てもらった。思い当たるのはそれだけです」

その後、18、19年と招待状が届くようになったといいます。

関東近県の男性も「〝昭恵氏枠〟としか考えられない」と話します。17年、地域活動の交流イベント後、懇親会で昭恵氏と名刺交換しました。招待状はその年の3月から毎年届いています。

こうした証言を総合すると、少なくとも毎年50人程度が昭恵氏との関係で参加していたことになります。

桜を見る会の参加者について菅官房長官は、自身の後援会関係者50～60人（11月21日、参院内閣委員会）を招いたと認めています。

「私人」と閣議決定された昭恵氏の関係者が、取材班に証言した数をあわせただけでも、官房長官の後援会関係者に匹敵する規模で参加していた――。このことは、首相による桜を見る会の私物化のひどさを象徴しています。

■税金で〝おもてなし〟

底なしの様相を見せる公的行事「桜を見る会」の私物化疑惑。野党一丸となって追及するなかで、徐々に真相が明らかになってきました。

日本共産党の小池晃《あきら》書記局長は「（桜を見る会）疑惑は公的行事の私物化という問題にとどまらない。安倍首相が先頭にたって、自民党ぐるみで行った政治買収の疑いが極めて濃厚」（11月25日）と指摘しました。

一つは〝税金でおもてなし〟の異常な実態です。宮本議員の追及（11月20日、衆院内閣委員会）で菅官房長官が明かした数字が物語っています。それによると、19年の「桜を見る会」の招待者のうち、安倍首相の推薦枠が1000人、副総理や官房長官らの推薦枠が1000人、自民党関係者の推薦枠が6000人だというのです。19年の招待者数は約

1・5万人（参加者は約1・8万人）なので、その過半数が政権中枢と自民党の推薦枠で占められていたことになります。

しかもこの数字には虚偽の疑いが浮上しています。田村議員が入手した内閣府の資料によると、14年の「総理・長官等推薦者」は3400人、「与党推薦者」は2900人。田村議員は「（19年の）『首相枠1000人』は過少な数字ではないか」（11月25日、参院行政監視委）と、政府に徹底調査を求めました。

安倍首相の虚偽答弁も明らかになりました。当初、首相は「招待者の取りまとめなどには関与していない」（11月8日、参院予算委員会）と明言していました。ところが、共産党の紙智子参院議員の追及に「推薦者について意見を言うこともあった」（11月20日、参院本会議）と答弁を一変させ関与を認めました。

桜を見る会疑惑で安倍政権への世論の批判も強まってきました。

共同通信の世論調査（11月23、24両日実施）では、「桜を見る会」をめぐる首相の発言について「信頼できない」が69・2％。地元支援者が大勢招待されていたことも「問題だと思う」が59・9％にのぼりました。

内閣支持率は「共同」調査で5・4ポイント減、「日経」調査（11月22～24日実施）で7ポイント減となりました。

■「追及本部」が発足

桜を見る会疑惑の追及をさらに本格化させるべく、国会のすべての野党で構成する「総理主催『桜を見る会』追及本部」（本部長・福山哲郎《てつろう》立憲民主党幹事長）が発足しました（11月25日）。70人を超す国会議員が参加し、疑惑の焦点ごとに「下関・山口ルート」「昭恵夫人ルート」など八つの班を編成。〝野党共同のビラ〟も作成しました。疑惑の調査や追及、作戦会議も含めて野党が一体となって取り組むのは、画期的です。国会質問の際も日本共産党の田村議員が「追及チームの田村智子です」と自己紹介しています。

本部長代行に就任した日本共産党の小池書記局長は「この問題をここまで追い詰めてきたのは共闘の力だ。『桜を見る会』を転じて『桜が散る会』にしていくために力を合わせよう」と呼びかけました。

追及本部では資料として日曜版の記事が配られました。スクープ内容を説明すると「さすが赤旗ですね」「共産党は取材力を持っている」と評価されたと、田村議員は語っています。自民党幹部もこう語ります。「官邸も自民党も、赤旗が何を書くのか、戦々恐々だ。赤旗報道をもとに、共産党だけでなく野党が共同で追及してくる。事実に基づくだけに、官邸にとってはたまらない」

第三章　悪用される「桜」——総裁選とマルチ

各界の功績者、功労者を慰労する「桜を見る会」。招待されていたのは、安倍首相の後援会関係者や、首相の妻の昭恵氏の「お友だち」だけではありませんでした。

■総裁選の年だけ招待なぜ

2018年の桜を見る会にはなぜか、多くの自民党地方議員が参加している――。インターネットで桜を見る会を調べていた取材班は、早い段階で気になっていました。フェイスブックなどのSNSやブログに、桜を見る会（18年4月21日）の前日に撮られた安倍首相と地方議員のツーショット写真が多数投稿されていたからです。

「いつもですと各県の自民党の幹事長のみが招待を受けるのですが今年は各県議も招待されるとのことです」。18年の桜を見る会に参加した自民党福島県議によるSNSの書き込みです。

同党山形県議も「県議会議長など要職の方しか参加することができないと聞いておりましたが、大変名誉なこと」と書いています。

なぜ18年の桜を見る会だけ、自民党の地方議員が多数招待されたのか――。謎を解くカギは、18年9月に6年ぶりに実施された自民党総裁選です。自民党関係者が明かします。

「5人が立候補した12年の総裁選では当初、地方の党員票で石破（茂・元幹事長）氏が、2位の安倍氏に約2倍の差をつけ1位だった。国会議員の決選投票で安倍氏が総裁に決まった。18年の総裁選で安倍氏が党員票でも石破氏をおさえるためには、党員票に影響を与える地方議員の取り込みがどうしても必要だった。その対策で、地方議員を大量に招待したんだ」

「読売」（18年5月4日付）はこう書いています。〈葉桜を眺めながら、自民党衆院議員の一人は思った。「これは党総裁選を意識した地方の『党員票』対策の一環なんだな」〉

自民党は当時、衆参で単独過半数の議席を持っていました。自民党総裁に選ばれることが、首相への道。自民党内の〝権力争い〟のために公的行事の桜を見る会を利用したとすれば、党利党略、私利私略そのものです。実際、18年の桜を見る会の招待者数は前年から約2000人も増え約1万5900人にのぼりました。

桜を見る会疑惑が国政の大問題になるなか、少なくないメディアが18年の桜を見る会に注目していました。「総裁選直前の『桜を見る会』　京都府議と滋賀県議全員に招待状　例年は幹事長ら一部のみ」（「京都新聞」電子版19年11月30日）、「『桜』招待、にじむ総裁選　府県議、自民研修翌日に　昨春、モリカケ問題渦中」（「毎日」19年12月14日付大阪版）などと報じています。

調べてみるとたしかに、京都府や滋賀県などでは18年に限って自民党府県議全員に招待状が届いていました。それ以外はどうなっているのか。取材班は全国調査をすることにしました。

前田と笹川が手分けして自民党の全国47都道府県連に電話で取材。都道府県連への取材では、ほとんどが「わからない」「把握していない」という回答でした。粘り強く聞く中で、自民党所属の県議など全員に桜を見る会の招待状が届いたと認めたところが複数できました。

自民党の各府県連や自民党関係者によると、京都府（28人）、滋賀県（22人）、宮城県（29人）では自民党所属のほぼ全府県議会議員に招待状が届いていました。各紙も報じています。

――「当時の大阪府議全24人には、安倍首相名で桜を見る会の案内状が届いた」「京都（28人）、福島（29人）、滋賀（22人）の3府県連所属のほぼ全府県会議員が招待されていた」（「毎日」19年12月14日付）

1301人（19年12月31日現在）いる自民党の都道府県議。そのSNSも調査しました。その結果、18年の桜を見る会には確認できただけで120人超の自民党都道府県議らが参加していることが分かりました。（20年1月7日現在）

都道府県議らが参加しやすいように、ある「仕掛け」もつくられていました。桜を見る会前日の18年4月20日。自民党は初めて「都道府県議会議員研修会」を開きました。「研修会」はどんなものだったのか――。【資料20】

資料20　2018年の自民党地方議員研修会の様子

（出所）自民党埼玉県連のフェイスブックから。

研修会は都内のホテルで開かれ、都道府県議ら約800人が参加しました。日米首脳会談を終えたばかりの安倍首相も参加し、特別講演。その冒頭で、当時問題になっていた森友学園疑惑や自衛隊の日報問題などの不祥事を陳謝しました。【次ページの資料21】

研修会の主要テーマは憲法改正。しかし随所で安倍首相をめぐる疑惑の払拭《ふっしょく》がおこなわれました。参加者によると、党の顧問弁護士が、森友学園をめぐる問題への安倍首相や妻の昭恵氏の関与を火消しするような発言をし、『徹底検証

資料21　自民党地方議員研修会で講演する安倍首相

（出所）自民党山形県議のフェイスブックから。

「森友・加計事件」朝日新聞による戦後最大級の報道犯罪』（小川榮太郎著）も配られた、といいます。

研修会やその後の懇親会では、首相との記念撮影も。参加した地方議員らは次々に安倍首相と握手した写真を撮りました。多くの議員がこの写真をこぞってＳＮＳやブログに投稿しています。

「総裁演説終了後は、私たち一人ひとりと写真撮影。これがその写真。安倍総裁は歴代総裁の中でも、とりわけ私たち地方議員を大切にして下さっていると感じる」（東京都議）

「安倍総理による時局講演もあり、その後の懇親会では写真も撮らせていただきました。反日メディアの倒閣運動を跳ねのけ、安倍総裁三選と憲法改正をセットで頑張っていくつもりです」（神奈川県議）

結果的にこの日以降、首相の写真が議員のブログなどインターネット上に多数出回るこ

とになりました。**【資料22】**

取材班は、この年の桜を見る会前日に開かれた研修会への参加も調査。埼玉（33人）、長崎・富山・大分・秋田・兵庫（各約20人）、岐阜（17人）、熊本（15人）、岡山（13人）、滋賀・愛媛（各約10人）など各県から多くの議員が参加していました。

メディアも研修会と桜を見る会の関係について「（岐阜県で）当時33人いた自民議員の

資料22 「桜を見る会」前日に開かれた「地方議員研修会」に参加した議員と首相のツーショット

安倍3選頑張る
自民議員のＳＮＳに投稿多数

（出所）「しんぶん赤旗日曜版」2020年1月12日号。

資料23　「桜を見る会」の招待状や、参加者とハイタッチする安倍首相と昭恵氏

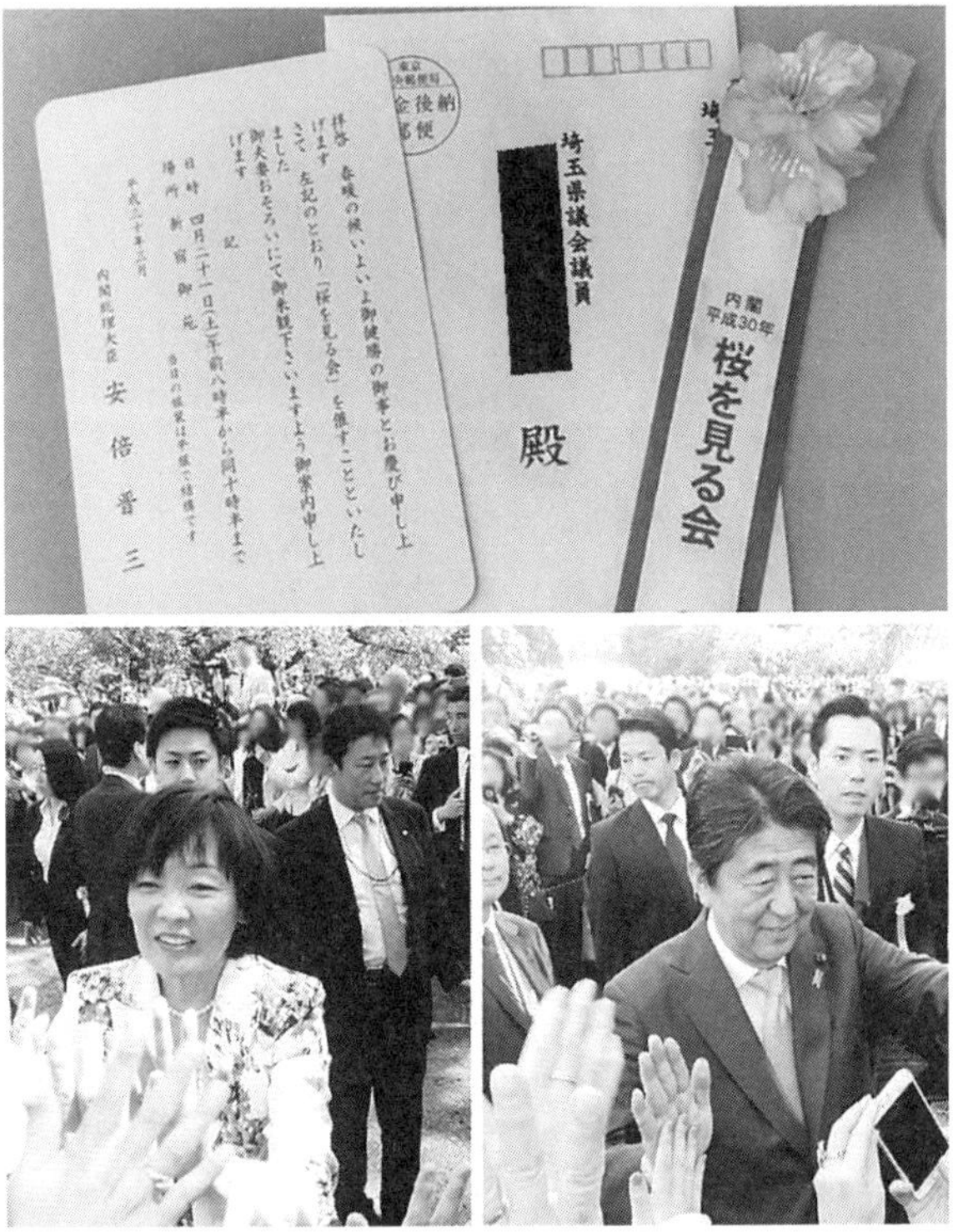

（出所）自民党埼玉県議のフェイスブックから。画像は一部加工。

うち17人が（研修会に）出席し、その大半が桜を見る会に出席したとみられる」（「中日」19年12月3日付）と報じています。「朝日」（18年4月21日付）も——。

「研修会は、党が進める憲法改正など（中略）を目的に初めて開催した。ただ、首相に近い自民党議員は『総裁選対策の側面もある』と明かす。参加者の多くは、翌21日に都内である首相主催の『桜を見る会』への招待も受けており、『明らかな総裁選対策。よほど安倍さんは厳しい情勢なのか』（東海地方の県議）という声も漏れた」

少なくない大手メディアが18年の時点で、公的行事の桜を見る会に多数の自民党地方議員らが招待されていることを知っていました。【資料23】

■研修と「桜」は抱き合わせ

19年12月24日のクリスマスイブ。藤川は大分行きの飛行機に乗り込みました。18年の桜を見る会に参加した大分県議に会うためです。

大分県議は藤川に「招待されたのは18年だけ」と語りました。研修会には県議約20人が、桜を見る会には5～6人ほどが、それぞれ参加した、と明かします。「総裁選対策が見え見え。あほらしくて行っとられんわ」と話す県議もいたといいます。「ゲスの勘繰《かんぐ》りかもしれないが、安倍さんのためのパーティーだった」

北陸地方の県議は取材班に「研修会と桜を見る会の案内が一緒に来た。流れなんや、セットなんやと思っていた」と語ります。複数の自民党議員が「議員研修会と桜を見る会はセットだと感じた」と証言しました。

SNSにも「今回は研修と抱き合わせ」（石川県議）、「議員研修会とセットにしてくださった自民党本部の皆様に感謝です♪」（鹿児島県議）との言葉が並んでいました。

自民党関係者は明かします。「党の研修会とセットにすることで、都道府県議の参加を増やす狙いがあった」

北陸地方の県議は取材班に、研修会場で「明日は桜を見る会もあります」と参加を薦めるアナウンスがあったとも証言します。

桜を見る会には招待状がないと入れません。しかし九州地方の県議は「招待状も受付票も受け取っていないが参加した」と語っています。

桜を見る会の開会より早く入場したとSNSに書いている議員もいました。「早起きをし、7時30分前から入苑……少し早過ぎたのですが、8時頃からはドッと人が押し寄せ、これは早く来て良かったと実感……お陰様でゆっくり苑内を見て歩けました」(北海道議)

総裁選で対立候補となった石破氏の地元、鳥取県からの桜を見る会への参加は確認できませんでした。

■官邸と党の〝談合〟で決まった日程

18年の桜を見る会を安倍首相が総裁選対策に利用したことは、少なくない自民党議員が感じていました。

研修会、懇親会が済むと安倍首相はホテルニューオータニに移動。「安倍晋三後援会」

主催の「桜を見る会前夜祭」に参加しています。その後、安倍首相は地元の山口県議との会合に参加し、「出席者によると首相は『9月もあるのでよろしく』と総裁選への協力を念押し」(「日経」「首相官邸デジタル」18年4月20日付)したといいます。

それにしてもなぜ、内閣府の公的行事である桜を見る会と、自民党の研修会をセットで開くことができたのか――。

安倍首相の最側近で、18年当時は自民党の幹事長代行だった萩生田光一文部科学相。桜を見る会について「毎年、総理官邸と幹事長室で開催日を調整する」(19年4月19日付ブログ)と書いています。公的行事の日程を官邸と党が〝談合〟して決めているというのです。

18年の桜を見る会の開催日(4月21日)は同年1月26日に発表。その3日後の同29日には自民党役員会で、都道府県議会議員研修会の開催日(4月20日)や首相の講演予定が発表されました。こんなことは〝談合〟なしにはありえません。

研修会で開会あいさつをしたのは萩生田氏。研修会終了後は自身のブログで「責任者として、無事終わりほっとしております」(18年4月27日付)と記しています。研修会の「責任者」だった萩生田氏は、9月の総裁選では安倍選対の事務局長を務めました。

研修会や桜を見る会と、総裁選の関係について、取材班の質問に自民党本部は回答しませんでした。

■前回の雪辱果たし党員票も逆転勝利

18年4月の桜を見る会から約5カ月後、9月の自民党総裁選。3選を目指した安倍氏と、石破氏の一騎打ちとなりました。

結果は安倍首相が553票（議員票329票、党員算定票224票）を獲得。石破氏の254票（議員票73票、党員算定票181票）を抑え、3選を果たしました。党員票でも安倍首相が55%を獲得し、党員票で石破氏に敗れた12年の総裁選の〝雪辱《せつじょく》〟を果たした格好です（12年は第1回投票＝石破・党員票165、議員票34、計199票、安倍・党員票87、議員票54、計141票。国会議員による決選投票＝安倍108票、石破89票）。党員票で石破氏が安倍氏を上回ったのはわずか10県でした。

取材班の調査によると、桜を見る会の招待状がほぼ全議員に届いたり、研修会に10人以上が参加したことが判明したのは14府県。このうち12年の総裁選で石破氏が勝利したにもかかわらず、18年の総裁選では安倍首相が勝利したという逆転現象が12府県で起きています。

研修会で配られた「朝日」批判本の著者、小川榮太郎氏。実は12年の自民党総裁選直前にも『約束の日　安倍晋三試論』という著書を出版しています。同書は大手書店でベストセラーとなりました。「関連本　異例の売れ行き　安倍氏　書店では好調？」（「神戸新聞」12年10月12日付）と報じられたほど。安倍氏の総裁復帰に一役買いました。しかも安倍首相の政治団体は同書を大手書店から数千冊も大量購入していました（赤旗日曜版15年12月13日号）。政治資金で〝爆買い〟して販売1位の実績を作り、新聞広告で宣伝。販売促進を図るからくりだったのです。

安倍首相周辺を取材していると、その手口に、ある傾向が見えてきます。首相関連本が売れて首相が人気なのかと思いきや、裏では政治資金で人為的にベストセラーを作り出している。ネット上に首相と議員のツーショット写真があふれて首相が人気なのかと思えば、実は自民党研修会で記念写真タイムを設けている。宣伝と気づかれないように宣伝する「ステルスマーケティング」のようなやり方です。

研修会と「桜を見る会」当日の首相の動きを紹介します。〝写真撮影〟が大きなウェイトを占めているのが、一目瞭然です。

4月20日
○午後4時13分　トランプ米大統領との首脳会談を終え、帰国。羽田空港着
○4時48分　東京・港区のホテル「ザ・プリンスパークタワー東京」。自民党都道府県議会議員研修会に出席し、講演。**議員らと写真撮影**

○6時1分　自民党都道府県議の懇親会に出席。**議員らと写真撮影**
○7時　東京・千代田区の「ホテルニューオータニ」。妻の昭恵氏とともに「安倍晋三後援会　桜を見る会前夜祭」に出席。**参加者と写真撮影**
○8時45分　東京・港区のホテル「アンダーズ東京」。山口県議らと懇談
4月21日
○午前7時48分　新宿御苑に到着。昭恵氏とともに**地元の後援会関係者らと写真撮影**
○8時54分「桜を見る会」。あいさつ

■マルチが宣伝利用

「とにかく取材したら記事にすることが大事。そうしなければ、次のスクープにつながるようないい情報もこない」。編集長の山本がよく口にする言葉です。

桜を見る会疑惑のスクープ後も記事を書きながら走り続けた取材班。期待を寄せる人たちから新たな情報が寄せられ、続報へとつながりました。今度は、マルチ商法の幹部が桜を見る会を悪用していた疑惑です。

「こんなものもあるんですよ」。19年11月下旬、安倍事務所の内情に詳しい後援会関係者が笹川に1枚の紙を見せました。第1次安倍政権時（07年）の桜を見る会の受付票。そこ

には「60」という数字が記されていました。

このころ、「桜を見る会」疑惑は新たな段階に入っていました。マルチ商法で高齢者を食い物にしていた「ジャパンライフ」の山口隆祥《たかよし》会長（当時）が桜を見る会に招待された疑惑が国会で浮上したのです。事実であれば、首相が悪徳商法に〝お墨付き〟を与えたことになります。

「安倍晋三内閣総理大臣から山口会長に『桜を見る会』のご招待状が届きました」――。ジャパンライフの説明会で使われた宣伝資料です。その「受付票」にも「60」がくっきり記されています。【資料24】

同社の被害者は約7000人、被害総額は約2000億円に上ります。17年12月に事実上破たんした同社。山口会長（当時）に招待状が届いた

資料24　悪徳商法に“お墨付き”を与えていたことを示すチラシ

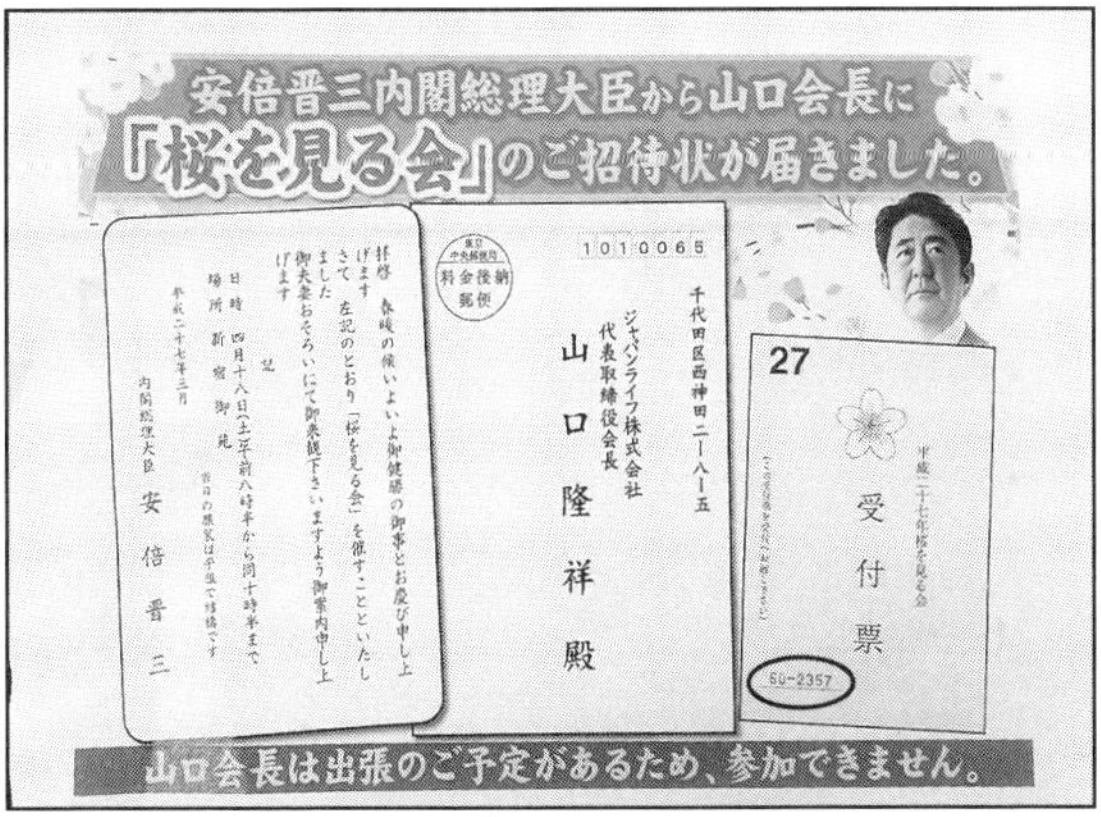

（注）ジャパンライフが宣伝に使っていた2015年の「桜を見る会」の招待状と受付票。受付票には首相推薦枠を示す「60」の番号が記載されています。

（出所）日本共産党大門実紀史参院議員提供。

のは15年2～3月です。前年の14年、同社は消費者庁から行政指導を受けました。日本共産党の大門実紀史《だいもんみきし》参院議員は指摘します。「経営悪化で追い詰められていた同社が、桜を見る会の招待状を使い〝最後の荒稼ぎ〟をしたのではないか」（19年11月29日、参院地方創生および消費者問題に関する特別委員会）

ジャパンライフをめぐっては、消費者庁が14年に政治的な影響を懸念して立ち入り検査を先延ばしにした疑いがあります。

大門議員は19年12月2日、野党の「桜を見る会」追及本部のヒアリングで、消費者庁が作成したとする14年7月31日付文書を公表しました。

文書は、特定商取引法違反の疑いをめぐる同社への対処方針を話し合った際のもの。「本件の特異性」「要回収」などと記され、「政治的背景による余波懸念」と記載されています。

消費者庁は13年にジャパンライフによる被害の調査を開始。14年5月には「今回見逃すと大変なことになりかねない」と、時間をかけずに調査する方針でした。しかし14年に立ち入り検査はおこなわず、行政指導（同年9月、10月）にとどめました。

山口氏に桜を見る会の招待状が送られてきたのは、15年2～3月ごろ。同年9月に検査がおこなわれるまでの「最後の荒稼ぎ」（大門議員）に招待状が利用されたとみられます。

悪徳商法の被害を拡大させる役割を果たした招待状。問題の核心は、これが首相の〝推薦枠〟だったかどうかです。

19年11月25日の参院行政監視委員会。日本共産党の田村智子議員は、同社の宣伝資料にある「受付票」の「60」という数字に注目しました。内閣府が桜を見る会の関連事務を外部委託した際の仕様書にある「総理、長官等推薦者」の招待区分が「60〜63」となっていると追及しました。

「60」が首相推薦枠と認めようとしない政府。しかし「60」が10年以上前から、首相推薦枠として使われていたことが取材班の調べで明らかになりました。

その〝証拠〟の一つが、笹川の入手した「平成十九年桜を見る会　受付票」**【資料25】**。第1次安倍政権時（07年）のものです。区分番号は「60」。受付票を持っていた安倍首相の後援会関係者は証言します。

「安倍事務所を通じて07年の桜を見る会に参加した時の受付票だ。『60』は『首相枠』

資料25　日曜版編集部が入手した2007年の「桜を見る会」の受付票

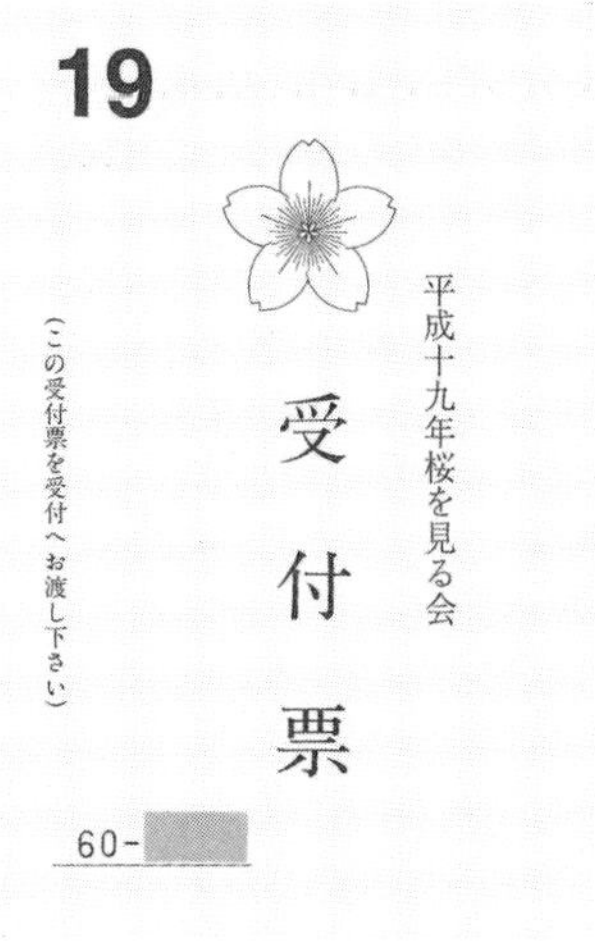

（注）この受付票にも首相推薦枠を示す「60」の番号が記載されています。

以外にない」

ジャパンライフ会長をなぜ、桜を見る会に招待したのか――。首相は「（会長と）1対1で会ったことはなく、個人的な関係は一切ない」（12月2日、参院本会議）といいますが……。

安倍首相の父、晋太郎《しんたろう》氏は外相当時、国会で「ジャパンライフの山口会長らとともにニューヨークを表敬訪問しているか」と問われ、「確かにその中に山口氏がおられたことは事実です」（1986年2月10日、衆院予算委員会）と認めています。安倍首相は当時、外務大臣秘書官として晋太郎氏の訪米に同行していました。

ジャパンライフの関係者は明かします。「ジャパンライフは政治家などにお中元を送っていた。15年の送付先には安倍首相の名前もあった」

実際、複数の関係者が取材に対して「ジャパンライフのタオルをもらった」などと認めています。安倍事務所は中元について、回答しませんでした。

■「60」は明白に首相枠

受付票の区分番号「60」が、自身の推薦を示すと認めない安倍首相――。取材班がフェイスブックやブログなどに投稿された受付票の区分番号が「60」の写真を調べたところ、

19年12月4日時点で確認できただけでも15人（20件、2013～19年）が首相の後援会員または昭恵氏の知人・友人でした【資料26】。

○…安倍事務所の「ご案内」で参加した男性（16、19年）

資料26　安倍夫妻のお友だちの受付票はみんな「60」

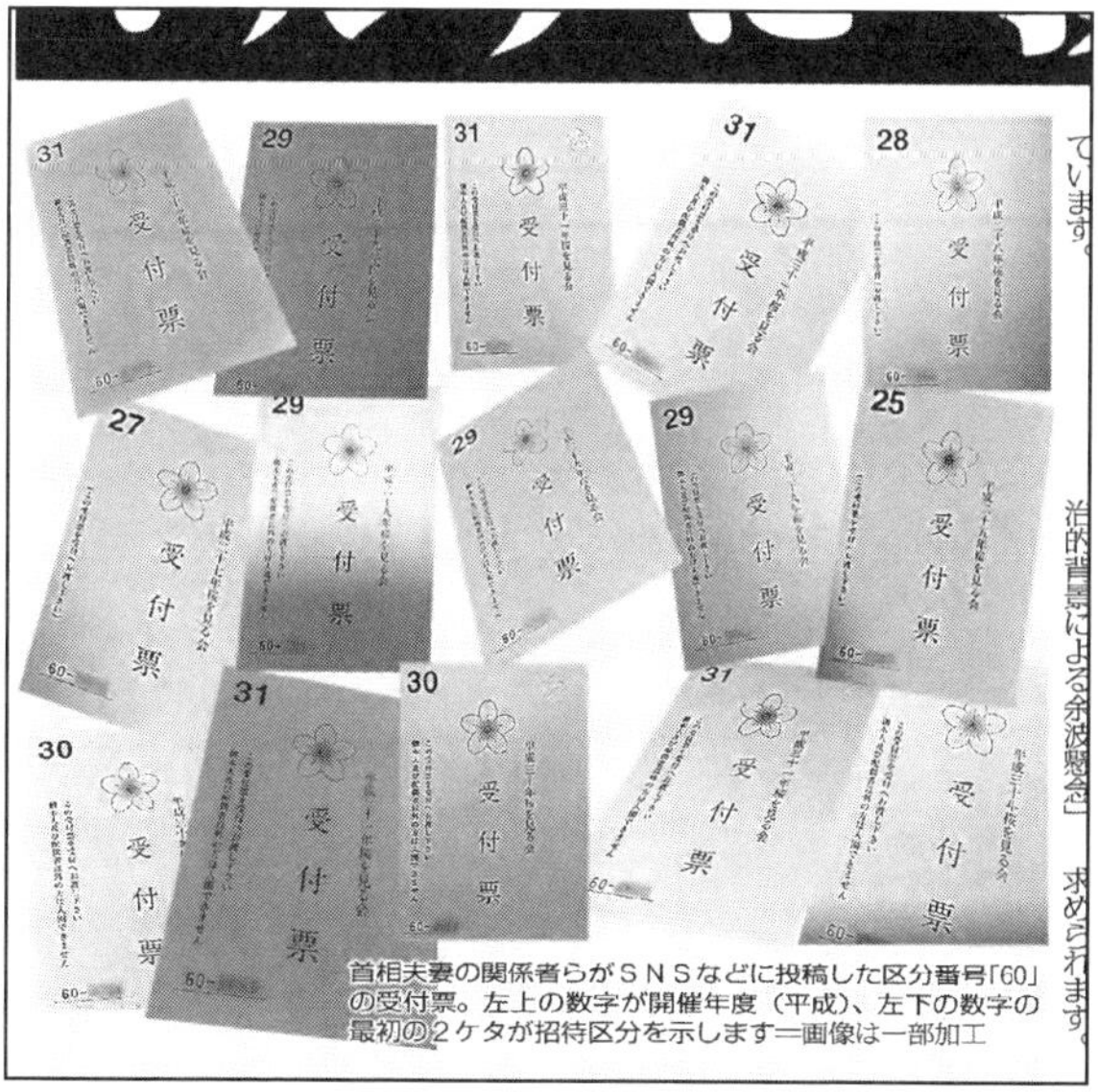
受付票
首相夫妻の関係者らがＳＮＳなどに投稿した区分番号「60」の受付票。左上の数字が開催年度（平成）、左下の数字の最初の２ケタが招待区分を示します＝画像は一部加工

（出所）「しんぶん赤旗日曜版」2019年12月８日号。

○…「安倍晋三後援会同志会」の役員で、17年の衆院選の際に昭恵氏の運転手をした会社社長（17年）

○…19年の「安倍晋三後援会　桜を見る会前夜祭」で首相夫妻と記念撮影した山口県の会社社長夫妻（17年）

○…夫が安倍首相の後援会員だという会社社長夫妻（15、16年）

○…昭恵氏と雑誌で対談し、18年から2回連続招待された男性（18年）
○…昭恵氏が校長の「ＵＺＵの学校」講師（18年）
○…同じく「ＵＺＵの学校」ボランティア（19年）
○…昭恵氏が中心になって立ち上げた「長州友の会」運営委員（13年）
○…昭恵氏と名刺交換し、17年から3回連続で招待された男性（17、19年）
○…17年の伊勢志摩サミットで、昭恵氏と一緒にディナー会場などを演出した夫妻（18、19年）
○…同じく演出した男性（18、19年）
○…昭恵氏と首相公邸の動画に出演した男性（17年）
○…昭恵氏が訪問した保育関連会社の代表（17年）
○…昭恵氏が支援する企業の経営者（15年）
○…昭恵氏の料理教室を主催した女性（18年）
（※カッコ内は、受付票を投稿した年。一部は招待を受けたのみで不参加）

これらの参加者を見ても「60」が首相推薦枠であることは明白です。

全国ジャパンライフ被害弁護団連絡会代表の石戸谷《いしとや》豊弁護士の話

ジャパンライフの元会長、山口隆祥氏は、政界でも有名な存在でした。１９８０年代にはジャパンライフのマルチ商法をめぐり国会で集中審議がおこなわれ、政治家への献金もたびたび報じられています。

麻生《あそう》太郎副総理が「これは結構有名人。マルチという言葉が始まった最初の頃から出ていた方だった」（17年4月11日の参院財政金融委員会）と語っている通りです。

そんな有名な悪徳業者がなぜ桜を見る会に招待されたのか。

裁判所の認定ではジャパンライフは14年3月期（13年4月～14年3月）に60億円超、15年3月期には70億円超の赤字に陥っています。招待状が送られた15年は、同社が新たな顧客から得た金を前からの顧客の支払いに回すという自転車操業をおこなっていた時期です。

自転車操業をするためには、新規顧客獲得のための材料が必要です。それが桜を見る会の招待状でした。

招待状は、同社の講演会でスクリーンに大写しにされ、安倍首相は広告塔に使われました。東北地方の70代の女性は夫婦で合計４２００万円をジャパンライフに払っていますが、うち７００万円は招待状を見て信用して16年以降に出しています。詐欺商法のトップ（＝山口氏）に出した招待状が利用され、被害拡大に加担した社会的責任が安倍首相にはあります。

■別のマルチも浮上

桜を見る会への招待が問題となったのはジャパンライフだけではありません。悪質マルチ企業の「48《よつば》ホールディングス」（48ＨＤ、札幌市）。同社幹部も桜を見る会に参加していました。同社は「10倍に値上がりする」などとウソの説明で仮想通貨「クローバーコイン」を販売。消費者庁から17年、特定商取引法に基づく業務停止命令を受けました。被害者が数十件の損害賠償請求訴訟を起こしています。

■本社に飾られた首相との記念写真

48ＨＤ社の本社内に、桜を見る会での安倍首相夫妻との記念写真を飾り、会員勧誘に利用していた――。衝撃的な事実を取材班に語ったのは48ＨＤ被害者です。同社内に飾られていた記念写真は、安倍首相夫妻と48ＨＤの淡路明人《あきひと》社長（当時）らが16年の桜を見る会で並んで撮影していたもの。３００万円超の被害を受けた札幌市の男性は16年冬、同社内に飾られていた記念写真を撮影しました。取材班は、男性が撮った写真を入手。撮影場所

が48ＨＤ本社であることは、写真データの位置情報でも確認しました。**【資料27】**

男性は当時、友人に誘われて48ＨＤからクローバーコインを購入しました。首相夫妻と淡路氏の写真を見て「これはすごい。期待がもてると確信した」と振り返ります。

淡路氏が桜を見る会に参加していたことを国会で追及された安倍首相。「（自身も昭恵氏も）存じ上げない」と説明していましたが……。

資料27　48ホールディングス本社内に飾られていた淡路氏と安倍首相夫妻の「桜を見る会」記念写真

（出所）被害者の代理人提供。画像は一部加工。

■昭恵氏関与の事業に資金

安倍首相の地元・山口県下関市に立つゲストハウスやカフェバーの複合施設「ＵＺＵ《ウズ》ハウス」**【次ページの資料28】**。安倍首相の妻、昭恵氏が設立に関与したプロジェクトです。開業のため16年1月から4月にかけてクラウドファンディング（見返り付き資金提供）を募集しました。インターネット上で「昭恵さんも参加するウズハウスメンバーと海峡花火大会を屋上で観覧

資料28　山口県下関市にある複合施設「UZU ハウス」

できます！（1口10万円）」などと呼びかけ、4000万円超が集まりました。

　募集期間中（16年1月〜4月20日）には昭恵氏自身が動画で「3000万円、たいへん厳しい金額」「どうか皆さま方のご支援を」と訴えました。昭恵氏は現在も運営会社の取締役を務めています（20年8月15日現在）。

　ＵＺＵハウスと淡路氏との接点を示す証拠が、ネット上の動画に残っていました。

　数年前のＵＺＵハウスの内部を撮影したもの。多くの人名が書かれたネームプレートの映像の中に、「アワジアキヒト」という名前がありました。ネームプレートは、クラウドファンディングに出資した人の名前のようです。淡路氏が、昭恵氏の参加するプロジェクトに出資していたのか――。事実であれば、安倍首相の国会での説明「（自身も昭恵氏も）存じ上げない」が虚偽だった疑いが出てきます。

確認のため、前田がすぐ下関市に飛び、ＵＺＵハウスを訪ねました。店内を確認すると、１階に飾られたネームプレートの中に、確かに「アワジアキヒト」の名前がありました【資料29】。「こんなに堂々と飾られていて、なぜ今まで問題にならなかったのか…」と前田は半信半疑でした。スタッフに確かめると、「出資していただいた方だと思います」と語りました。

淡路氏は、資金提供の募集期間中の16年４月８日に「桜を見る会」前夜祭で、翌９日には「桜を見る会」で、安倍首相夫妻と記念撮影しています。【資料30】

資料29　昭恵氏が資金集めをした「UZU ハウス」１階にある淡路氏のネームプレート

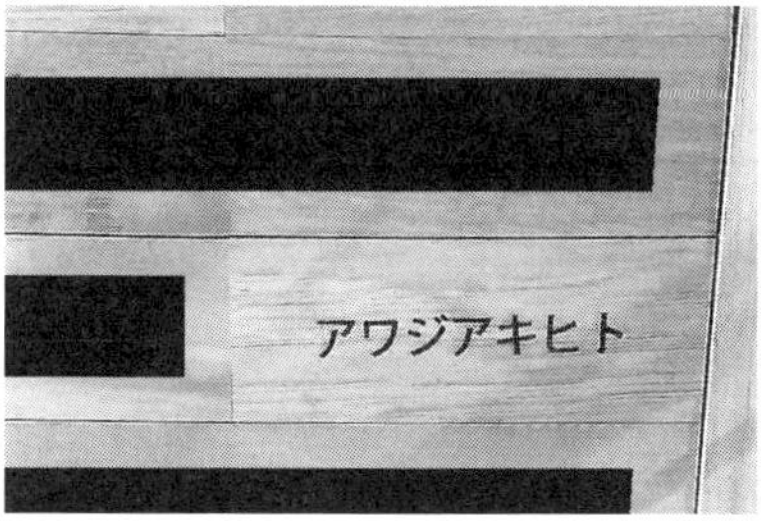

（注）2020年２月中旬、山口県下関市。
画像は一部加工。

資料30　安倍首相夫妻と記念撮影した淡路氏

（出所）被害者の代理人提供。画像は一部加工。

資料31 「UZUハウス」の開設記念パーティーの写真

（注）屋上で花火大会を楽しんだ参加者らが首相夫妻を囲みました。
中央左は「48HD」の淡路氏。2016年８月13日。
（出所）このパーティー翌日に昭恵氏が投稿したフェイスブックから。

それだけではありません。同年8月13日、下関市の関門海峡花火大会にあわせてＵＺＵハウスの開設記念パーティーがおこなわれました。淡路氏はここでも安倍首相と記念撮影しました。同パーティーは、資金提供の〝見返り〟として、前述（117ページ）した〝昭恵さんと見る海峡花火大会屋上観覧〟などと宣伝されていたものです。淡路氏も写った集合写真を昭恵氏はフェイスブックに投稿。「ご支援頂いた皆さんとＵＺＵハウスで花火を見ました」と書いています。【資料31】

ＵＺＵハウスの運営会社代表は、パーティーへの招待は1口10万円の資金提供への返礼だとし、「（1階に飾られている）ネームプレートは支援してくれた方」と説明しました。

昭恵氏が関与し資金提供を募ったプロジェクトに〝見返り付き資金提供〟をした人物が、

安倍首相夫妻とともに公的行事の桜を見る会に参加していたという構図です。

UZUハウスの開設記念パーティーでの集合写真について安倍首相は国会で、淡路氏と自身や昭恵氏との面識を否定し、パーティーは外部から出入り自由だったかのように主張しています。「花火大会に行き、たくさんの人たちがいて、その場所（パーティー会場）に歩いてぞろぞろ行く」「かなりオープンなスペース」（20年2月17日、衆院予算委員会）

■"特別な人"だけ入れるパーティー

ところが当日の様子は首相の説明とは、まったく異なります。取材班に寄せられた証言によると――。

「淡路さんの紹介で参加した。特別な人だけが入れるパーティーだった。招待された淡路さんはすごい人だと思った」。パーティー参加者は当日の様子を詳しく語ります。

「参加者は50～60人。入場のため、『GUEST』（ゲスト）のカードを首にかけた」

参加者には「GUEST」と「STAFF」（スタッフ）のカードが配布され、主催者側が認めた人以外は入れなかったといいます。

「会場で『48ホールディングス』と書かれた花を見た記憶がある」（参加者）との証言も。

パーティーを主催した「UZUハウス」の運営会社代表も「支援いただいた人やスタッフ

図４　マルチ社長と安倍首相夫妻の“接点”

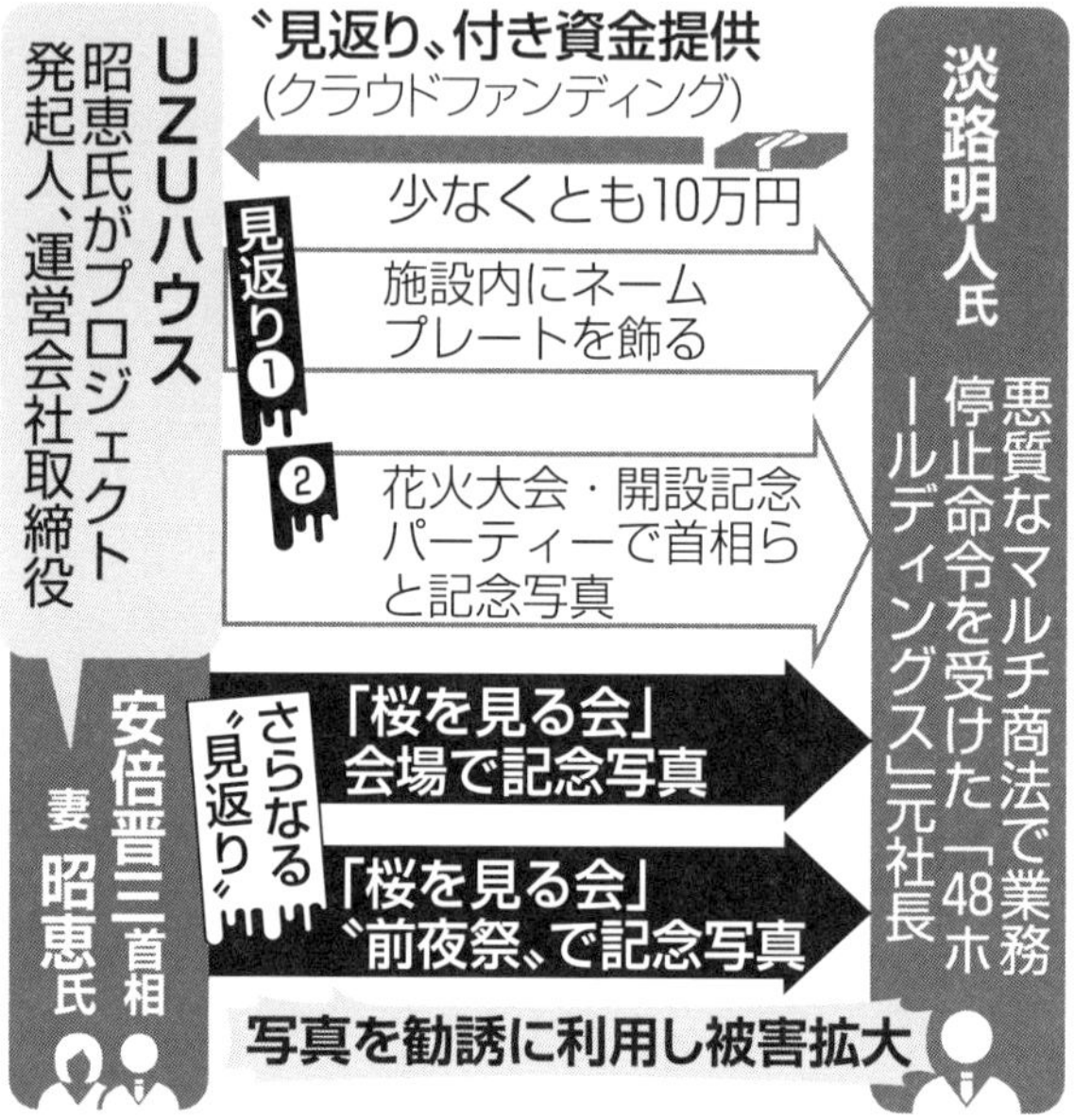

のほかに、スタッフの友人が参加した可能性があるが、外から人が紛れ込んだということはない」と話します。

パーティーへの参加という〝見返り〟だけでなく、48HD幹部は、首相らとの記念写真を会員勧誘にフル活用しました。48HDにとっての最大の〝見返り〟は、「桜を見る会」参加や首相らとの記念写真だったのです。【図4参照】

淡路氏は弁護士を通じて、開設記念パーティーや桜を見る会、前夜祭について「知人にそのような催しに連れて行っていただいたという記憶はある」と回答。資金提供については「知人から出資を持ちかけられて指摘のクラウドファンディングに出資はいたしました」とのべています。
安倍事務所は期日までに回答しませんでした。

■親密写真信用し被害拡大

札幌市の48HD本社内には、下関市の花火大会や、桜を見る会で安倍首相と48HDの淡路氏らが並んだ写真が額縁に入れられ飾られていました。同社の会員で、300万円超の被害を受けた札幌市の男性が語ります。

「未会員や米客者に見せるために社内に飾っていたのでしょう。この写真を見て会社や淡路さんを信用し、被害が拡大したと思う」

48HDは15年12月ごろから「クローバーコイン」と称する仮想通貨の販売を始めました。会員は約3万5000人(17年7月末時点)。事業開始から約2年間で約220億円を売り上げたといいます。

仮想通貨は紙幣や硬貨と違い、インターネット上でやり取りされる〝暗号〟です。国際的には「暗号通貨」と呼ばれます。この暗号をやり取りする当事者間で使用が合意されていれば支払い手段になります。しかしそれ自体には何の価値の裏付けもない電子データです。

消費者庁によると、48ＨＤの勧誘者は、クローバーコインが値上がりするかが決まってもいないのに「10倍に値上がりする」「買わなきゃ損をする」などと説明。１口３万円でコインを売っていました。

勧誘された人がコインを購入すると、その売上金が会員に分配され、会員を増やせば増やすほど、報酬や地位が上がるという典型的なマルチ商法でした。しかし実際にもうけが出ていたのは、わずかな上位会員だけだったといいます。

ＵＺＵハウスのパーティーで淡路氏と安倍首相が写真を撮ったのが16年8月。ちょうどこの時期から、48ＨＤは売り上げを急増させ被害を拡大させました。【図5参照】

15年9月～16年8月の１年間の売り上げは約25億６０００万円。ところが16年9月～17年6月末までの10カ月間では１９２億円超まで急増していました。

被害者の男性は怒ります。「淡路さんと安倍首相の写真が勧誘活動に利用されたのは間違いない。写真を見て事業を信用し、コインを買い足した会員もいる。首相がマルチ商法に加担し、被害を拡大させたのは許せない」

苦情相談の増加などを受け、消費者庁は17年8月、48ＨＤへの立ち入り検査を実施。同年10月には特定商取引法違反で業務停止命令を出しました。概要書面を渡さなかったり、勧誘目的であることを相手に知らせずに勧誘したりしたことが理由です。

48HDの代表取締役には17年6月~18年1月まで、ジャパンライフの元取締役だった渡部《わたべ》道也《みちや》氏が就任していました。ジャパンライフは16年~17年、4回にわたって消費者庁から業務停止命令を受けています。

図5　安倍首相夫妻との記念撮影でマルチ被害者が拡大した経緯

2015年12月ごろ	48 ホールディングス（以下 48HD）が仮想通貨「クローバーコイン」の販売開始
16年1月～4月	「UZU ハウス」開設資金のクラウドファンディング実施。48HD の淡路明人社長（当時）が資金提供
4月8日	**「桜を見る会」前夜の懇親会で淡路氏が安倍首相夫妻と記念撮影**
4月9日	**「桜を見る会」で淡路氏が安倍首相夫妻と記念写真**
8月13日	関門海峡花火大会を見る UZU ハウスのパーティーで淡路氏が安倍首相らと記念写真
8月14日	昭恵氏がパーティーの様子をフェイスブックに投稿
被害拡大	
9月以降	48HD の売り上げが急伸（同 9 月～ 17 年 6 月末までに 192 億円超）
11月ごろ	会員（当時）が 48HD 本社内に飾られた淡路氏と安倍首相夫妻との写真を目撃
2017年8月	消費者庁が立ち入り検査を実施
10月	消費者庁が特定商取引法違反で 48HD に 3 カ月の業務停止命令。クローバーコインの販売終了
現在	返金手続きに大幅な遅れ。全国で損害賠償請求訴訟相次ぐ

■資金提供者が「桜」に

UZUハウスへの資金提供者で、桜を見る会に参加したのは、48HDの社長だった淡路氏だけではありません。

取材班は、桜を見る会の記念写真をインターネット上に投稿していた資金提供者を集計。少なくとも34人（20年2月25日までの判明分。淡路氏を含む）にのぼります。

桜を見る会に参加した関東在住の男性は、「UZUハウスの運営会社代表と仲がいいので資金を出した。金額は忘れた」と資金提供を認めました。桜を見る会への招待理由を尋ねると「わからない。自分が知りたい」といいます。

同プロジェクトの資金提供者は425人。少なくともその8％が桜を見る会に参加していたのです。功績、功労がある人を税金で慰労する会に、安倍首相の妻の昭恵氏を支援した人がこれほど高い率で参加するのは異常です。34人はあくまで、取材班が確認した〝氷山の一角〟。実際に参加した資金提供者はさらに多いとみられます。

■昭恵さんから「ご招待」と

資金提供者のなかには、昭恵氏から招待されたと公言する人も――。

「昭恵さんにご招待いただいた桜を見る会」とツイッターに写真を投稿（16年4月）し

たのは、UZUハウスの立ち上げに協力した企業の社員（当時）です。

この社員は、自身も資金提供して昭恵氏を支援しました。フェイスブックには、招待状の写真とともに「総理夫人の昭恵さんにお世話になっていて！」と投稿。うらやましがる友人には「直接お願いしましょう！〇〇（原文は実名）さんなら大丈夫」などと返答しています。

昭恵氏と一緒にUZUハウスへの資金提供を呼び掛けたプロジェクトメンバーとして、資金集めの動画で紹介されていたのは10人。取材班は、このうち少なくとも9人が、桜を見る会に参加したことを確認しました。（うち2人は資金提供者の34人と重複）

UZUハウスの運営会社代表は取材に対して、「桜を見る会には1回、参加した。郵送で招待状が送られてきたと思う。何年だったかは忘れた」と回答。招待の理由としてどのような功績、功労があったか尋ねると「わからない」と答えました。

桜を見る会での安倍首相夫妻と淡路氏の写真を48HDが勧誘に利用していたという重大疑惑。安倍首相は「桜を見る会が企業や個人の違法、不当な活動に利用されることは決して容認できない」（20年2月17日、衆院予算委員会）として、自身や昭恵氏との関係を否定しています。

神戸学院大学の上脇博之教授は厳しく指摘します。「まず昭恵氏側が48HD幹部からの資金提供で利益を得ている。その後、48HDの幹部が桜を見る会や前夜祭に参加し利益を得た。このように資金提供と〝見返り〟で持ちつ持たれつになっている点が重大です。悪質業者に勝手に利用されたとは言えません」

安倍首相は昭恵氏の知人の招待について「妻の意見を参考として、事務所の担当者に私の意見を伝えた」「幾つかの団体や関係者や個人について、妻から意見を聞き、私から事務所に伝達したこともあった」（20年1月28日、衆院予算委員会）と答弁しています。

上脇氏は強調します。「安倍首相は昭恵氏から意見を聞いて事務所に招待するよう伝えた旨答弁しているので、そこに淡路氏が含まれていた疑いが生じます。首相は逃げずに説明すべきです」

■マルチを乗せた首相バス

20年4月初旬、取材班に新たな情報が寄せられました。

「淡路氏は今も桜を見る会に参加した時の写真をフェイスブックに載せている」。48HDの会員で、数百万円の被害を受けた男性が怒りで声を震わせました。

取材班は複数の関係者の協力を得て、〝友人〟限定公開の淡路氏のフェイスブックを確認しました。

すると、淡路氏自身が桜を見る会や安倍晋三後援会主催の前夜祭の写真を多数投稿していました。取材班はそれらの写真を入手しました。

その一つが16年4月9日投稿の「安倍首相お花見会　なう」。「桜を見る会　安倍晋三後援会」のプレートがついたバスや、バスに乗る淡路氏らの写真が掲載されています。淡路氏が「安倍晋三後援会」のバス**【資料32】**に乗って桜を見る会の会場に入場していたことを裏付ける決定的証拠です。後援会のバスで桜を見る会に行った人物を、安倍首相は〝知らない〟ですむと思っているのでしょうか。

同日投稿の「お花見日和《びより》　なう」には安倍首相と妻の昭恵氏、淡路氏らが並んだ写真が掲載されています。この写真が48HD社内に飾られたり、上位会員らの勧誘活動に利用されたりしていました。

資料32　新宿御苑に入る安倍晋三後援会のバス

（注）「桜を見る会　安倍晋三後援会」のプレートと車番「13」、通行証には平成28年（16年）を示す「28」の数字が写っています（丸印）。同年、淡路明人氏も後援会バスで桜を見る会会場に入場しています。

（出所）「野宿生活を応援する有志メンバー」撮影。

淡路氏が安倍首相の到着前に会場にいたことを示す動画もあります。「安倍首相　御到着　感動」の動画（16年4月9日）。会場の新宿御苑に車で到着した安倍首相を参加者が拍手で迎える様子が映っています。

首相動静によれば安倍首相が会場に到着したのは同日午前7時46分。その後、後援会関係者らと記念撮影をしています。桜を見る会の正式な開門・受付時間は8時半。一般入場者が、首相夫妻と記念撮影するのは困難です。

取材班は48ＨＤの取締役だった中田《なかた》義弘《よしひろ》氏が参加している写真も入手しました。

■前夜祭での写真も

桜を見る会の前日におこなわれる安倍晋三後援会主催の前夜祭。淡路氏はフェイスブックに「安倍総理大臣　感動」と題して、前夜祭で首相と自身があいさつする写真も投稿していました。

48ＨＤの被害者は、「首相らとの記念写真を48ＨＤの上位会員らは、会員勧誘にフル活用していた」と証言します。

「桜を見る会が企業や個人の違法、不当な活動に利用されることは決して容認できない」（20年2月17日、衆院予算委員会）と弁明する安倍首相。被害者の男性は「仮想通貨は

『信用ビジネス』だ。安倍首相と淡路さんの写真を見て会社や事業を信用し、コインを買い足した会員もいる。首相のせいで被害が拡大したのに、無責任な答弁だ」と憤ります。

男性は訴えます。「48HDはすべての被害者には返金していない。マルチ商法の片棒を担いだ首相には、すべての被害者が救済されるために力を尽くす責任がある。その責任を果たしてほしい」

淡路氏は弁護士を通じて「（桜を見る会は）知人を介して連れて行ってもらったので、当時どのような手続きなどにより連れて行ってもらうことができたのか、委細は把握していない」「明確な記憶として、招待状を受領した事実はない」と取材班に回答しました。

安倍事務所は期日までに回答しませんでした。

「桜を見る会」の「開催に際してのお願い」（19年）によると、案内状で入場できるのは、本人とその配偶者のみ。「他の同伴者の入園はできません」と記載されています【次ページの**資料33**】。淡路氏は「招待状を受領した事実はない」と説明しています。それではなぜ「安倍晋三後援会」のバスで桜を見る会に入場できたのか。疑惑はますます深まります。

執筆中に衝撃的なニュースが飛び込んできました。東京地検特捜部が、組織犯罪処罰法違反（証人等買収）容疑で淡路氏や秋元司衆院議員らを逮捕（8月4・20日）しました。

逮捕容疑の舞台となったのは秋元氏が収賄罪で起訴されたカジノ汚職事件。淡路氏や秋

資料33　2019年の「桜を見る会」参加者に送られた「開催に際してのお願い」

開催に際してのお願い

○受付について

*開門及び受付開始は、午前八時半です。午前十時半に終了いたします。総理大臣は午前九時頃に来園の予定です。

*受付は、千駄ヶ谷門、新宿門、大木戸門及び正門の各門で行いますので、受付票を受付にお渡しください。引換えにリボンをお渡ししますので、見やすいところに御着用ください。

○御入園について

*警備強化の観点から、次のような措置を講じますので、御留意願います。

*当日は、入園に際して手荷物検査を行うため相当混雑が予想されます。手荷物のお持込みはお控えください。

*自撮り棒（スマートフォンやカメラで自分を撮影する際に用いる棒状の器具）、刃物類、護身用具等他人に危害を与えるおそれのある物は、園内にお持込みできません。

*御案内状を携帯されていないと入園をお断りします。

*御案内状は、御本人及び配偶者の方のみ御使用できます。他の同伴者（介添者、御本人の子又は孫で未成年の方を除く。）の入園はできません。また、御案内状は、他人に譲渡しないでください（免許証等で本人確認をさせていただく場合があります。）。

（注）受付開始時刻や首相の来園予定、手荷物検査の実施なども明記されていました。

元氏らは贈賄側の被告2人に、裁判でウソの証言をする見返りに現金三千数百万円を渡そうとしたとされています。

安倍後援会のバスで桜を見る会に入場した人物が逮捕されるという前代未聞の事態。安倍首相の責任は重大です。

第四章　相次ぐ刑事告発、続く追及

■刑事告発を不受理!?

「首相が恐れていた事態が起きた」――自民党幹部は緊張した表情をしました。日曜版（2019年10月13日号）が桜を見る会疑惑をスクープしてから約3カ月。ついに刑事告発の動きが出てきました。

神戸学院大学の上脇博之教授らは20年1月14日、背任罪（刑法第247条）の疑いで安倍首相を東京地検に告発しました。安倍首相が桜を見る会に自身の後援会員らを大量に招待した結果、予算を大幅に超過し国に損害を与えた、と弾劾《だんがい》したのです。

刑法第247条（背任罪）は「他人のためにその事務を処理する者が、自己若《も》しくは第三者の利益を図り又《また》は本人に損害を加える目的で、その任務に背く行為をし、本人に財産上の損害を加えたときは、5年以下の懲役又は50万円以下の罰金に処する」と定めています。なぜ背任罪なのか――。

上脇氏らの告発状によると、安倍首相は桜を見る会の主催者として、開催要領と歳出予算額の順守義務を負っていました。しかし、「開催要領」の「招待範囲」に含まれない、自らの後援会関係者を招待していました。これには自身の利益、後援会員や自民党国会議員らの利益を図る目的がありました。その結果、「開催要領」の「約1万人」という限定された範囲を大幅に逸脱し、無原則に招待を拡大。予算の制約を大幅に超えた支出をし、首相の任務に背く行為をした疑いがあるのです。

背任罪の公訴時効は5年。現時点で安倍首相の背任罪としての刑事責任を問う場合、15年以降の5年間の予算超過額である計約1億5000万円が「国の財産上の損害額」になります。

告発状を提出後、都内で記者会見した上脇氏らは、「国の予算を私物化し、自分や政治団体の利益のために使ったのなら見過ごすわけにはいかない」と指摘しました。桜を見る会疑惑の本質を突く刑事告発です。

しかしこの告発を東京地検特捜部は、二度にわたり受理しませんでした（20年7月現在）。異例の「不受理」の裏では……。

■安倍政権の〝秘策〟

告発状提出と同時期、安倍政権は、ある〝秘策〟を考えていました。これまでの法解釈を変更して、政権に近い検察幹部の定年を延長することです。

のちに賭けマージャンをめぐる問題で辞職することになる、黒川弘務・東京高検検事長（当時）。検察ナンバー2だった黒川氏は、「官邸の守護神」と呼ばれていました。定年の

63歳を目前に控え、20年2月7日に退官予定だった黒川氏。安倍政権は「余人をもって代えがたい」として定年延長することを1月31日の閣議で決めました。

検察庁法では検察官の定年は63歳、検察トップの検事総長の定年は65歳。同法に定年延長の規定はありません。ところが安倍政権はこれまでの解釈を百八十度変えました。定年延長の規定がある国家公務員法を適用できるというむちゃくちゃな理屈で、黒川氏の定年延長を強行しました。最終的には黒川氏を検察トップの検事総長にすることまで狙っていました。『官邸官僚』の著者・ノンフィクション作家の森功《いさお》さんは日曜版（20年3月1日号）で語りました。

「まさかここまでやるのかと驚きました。権力の不正をチェックする検察の人事が、官邸にろう断（＝独り占め）される。これは『禁じ手』です。検察人事は政治から独立していなければならない。これで民主主義国、先進国といえるのでしょうか。

黒川さんは、国会を担当する官房長や事務次官として6年余り、安倍政権を支えてきました。過去3度も廃案になった共謀罪を成立させ、官邸は黒川さんに感謝していると聞きます。政治に近く、永田町や霞が関では皮肉を込めて『官邸の守護神』とも呼ばれています。『定年延長』という奇策、詭弁《きべん》を弄《ろう》してまで黒川さんを残そうとするのは、それだけ官邸の信頼が厚いからだと思います」

刑事事件の公訴提起、裁判にかけるか否かを決める権限が唯一与えられているのが検察官です。現職の政治家さえ捜査・起訴できます。しかし、政治権力からの独立が保障されていなければ、検察官の職務の公正が保たれません。だからこそ検察官には裁判官に準じ、検察庁法で身分保障を与えてきたのです。

現行憲法は戦前の治安維持法や特高警察などの人権侵害の反省に立ち、立法・司法・行政の三権分立、司法権の独立を徹底しています。日本共産党の藤野保史《やすふみ》衆院議員は指摘しました。「検察が政府などの不当な干渉によって左右されれば、司法の独立は有名無実になる。検察のトップの人事にまで手をつけるのは絶対に許されない。三権分立の根幹にかかわる問題だ」（20年2月20日、衆院予算委員会）

官邸は「禁じ手」まで使って、なぜ東京高検検事長の黒川氏の定年を延長し、検事総長にしようとしたのか――。

「検察に『桜を見る会』疑惑を追及されないためだ」と明かすのは自民党閣僚経験者です。それを裏付けるような不可解な動きが、黒川氏が東京高検検事長在任中、東京地検特捜部で起きました。

それが、「桜を見る会」疑惑での上脇氏らの告発の不受理です。特捜部OBはいいます。「きちんとした告発を受理しないなど聞いたことがない。直接の上級官庁である東京高検と相談した結果だと思うが……」

上脇氏らが東京地検特捜部に告発状を最初に提出したのは20年1月14日。告発状について特捜部が上脇氏らに不受理を通知したのは同1月31日付。黒川氏の定年延長が閣議決定された日です。

不受理の理由も異例。「代理人による告発は受理できない」というものでした。

上脇氏は憤ります。「私は何十件も東京地検に刑事告発をしてきたが、こんな理由で受理されなかったことはこれまで一度もない。これまでの告発も代理人を通じておこない、すべて受理されてきた」

上脇氏らは3月に反論の意見書を添え再度、告発状を特捜部に提出しました。しかし、同じ理由で受理されませんでした。

東京地検特捜部OBは語ります。

「代理人といっても委任状があれば問題ない。形式的な不備があった場合は別として、告発は事務的に粛々《しゆくしゆく》と受理するのが基本だ。その上で起訴、不起訴を判断する」

上脇氏も「前例にない理由まで持ち出して受理を嫌がるのは、受理すれば真っ先に安倍事務所が捜査対象になるからではないのか」と話します。

自民党閣僚経験者は解説します。「告発が受理されれば、検察が不起訴にしても、検察審査会が強制起訴する可能性がある。官邸はそのことを恐れたのではないか」

藤野議員も5月26日の法務委員会で指摘しました。「(不受理の)日付は1月31日で、黒川氏の定年延長が閣議決定された日だ。閣議決定の悪影響がこういう形で現れている。閣議決定の撤回を求める」

前出の特捜部OBは「重要な案件では上級官庁の判断がポイントだ」と明かします。「政治案件などの場合、特捜部は東京高検、最高検、法務省の三つの上級官庁に報告・相談する。直接の上級機関の東京高検の判断は大きい」

検察庁法改定案に反対する意見書を出した検察OBの一人、元最高検検事の清水勇男《いさお》さんも日曜版(20年5月31日号)で語りました。

「告発状は形式さえ整っていれば基本的に受理されるべきものだ。たとえ形式に問題がある場合でもその部分を補正すれば良いだけのこと。代理人による告発だから受理しないというのも理解し難い。委任状などで告発人の意思が確認できれば、まったく問題ないはずだ。長期間にわたって受理しないのは、本来の手続きを外れているのではないか」

資料34　安倍首相と後援会幹部を告発するために東京地検特捜部に向かう弁護士ら＝2020年５月21日、東京都千代田区

■続く刑事告発の動き

桜を見る会をめぐる告発の動きは続きます。

５月21日、弁護士や学者６６２人（同日時点）が桜を見る会前夜祭をめぐり、公職選挙法と政治資金規正法違反の疑いで、首相と後援会幹部の計３人に対する告発状を東京地検に提出しました**【資料34】**。弁護士らはインターネット上で記者会見し、徹底した捜査を求めました。

告発状によると、容疑の対象は18年４月の前夜祭。飲食費が最低でも１万１０００円必要だったのに首相側は参加費を５０００円としており、首相側が差額を補填《ほてん》したと考えるのが常識的だと指摘し

ています。少なくとも1人6000円相当の飲食を無償提供した行為は公選法が禁じる選挙区内での寄付にあたるとしました。

前夜祭の収支が後援会の政治資金収支報告書に記載されていないことは政治資金規正法違反にあたる疑いもあります。

これまでも桜を見る会前夜祭をめぐり安倍首相はウソとゴマカシを重ねてきました。契約、領収書などについての安倍首相の国会答弁を編集部の取材で検証【図6参照】しました。前夜祭で首相はホテルとの契約主体は参加者個人で「後援会と

図6　安倍首相の答弁と判明した事実

	首相のウソとゴマカシ いずれも国会答弁		明らかになった事実 編集部の取材などから
契約	ホテルとの契約の**当事者はあくまで個々の参加者だ** 1月31日、参院予算委	➡	複数の参加者が「**ホテルと契約した認識はない**」「**安倍事務所の案内で会費5000円と知った**」と証言
領収書	（前夜祭の領収書は）立ち会った事務所の職員も、**全員にそれは配っている** 1月31日、衆院予算委	➡	複数の参加者が「**領収書をもらっていない**」「**もらわなかった人もたくさんいる**」と証言
記載義務	収支がとんとんであれば、ゼロであれば、これは（政治資金収支報告書に）**載せる必要はない**　2月4日、衆院予算委	➡	政治資金規正法は、すべての収入、支出を収支報告書に記載するよう義務付け。**収支がイコールでも記載が必要**
事務経費	夕食会等に係るアンケートの作成や発送、通信費等の費用は、（自身が代表の）**自民党の山口県第四支部が支出した** 2月4日、衆院予算委	➡	**前夜祭を主催した安倍晋三後援会と、首相が代表の自民党支部は別団体。**前夜祭の事業費として後援会の収支報告書に記載が必要
サービス	**価格分以上のサービスが提供されたというわけではない** 2月5日、衆院予算委	➡	安倍事務所が案内状の通信費や受付・集金の人件費を負担し、**プロの歌手が歌を披露するなど、会費以上のサービスを提供**

しての収支は一切ない」と主張しています。しかしこの点についても告発状は「判例から見ても成り立たない法解釈だ」と批判しました。

■検察庁法案見送り

「桜を見る会疑惑の対応で失敗し、政権は危機的な状況に追い込まれている」。自民党幹部の言葉です。

黒川氏の定年延長を決めた違憲・違法の閣議決定。それを後付けで合法化し、検察人事への官邸の介入を今後も制度化しようとしたのが、国会に提出された検察庁法改定案でした。

しかし検察庁法改定案反対の空前のツイッターデモが起きました。ツイッター上の「#検察庁法改正案に抗議します」の投稿は1000万超に上りました。新型コロナウイルスの感染拡大のなかでの安倍政権による火事場泥棒のようなやり方に、国民の怒りの声が沸き上がりました。

著名な俳優や歌手、演出家、漫画家らも次々と抗議の意思を表明しました。日本弁護士連合会会長や、元検事総長ら検察OB、東京地検特捜部OBも異例の反対声明・意見書を発表しました。これを受け日本共産党の志位和夫委員長をはじめ、立憲民主党、国民民主党、社民党の野党4党首がそろって動画でメッセージを投稿し、三権分立と民主主義を守るために力を合わせようと呼びかけました。

安倍政権は20年5月18日、検察庁法改定案の通常国会での採決・成立を断念しました。インターネットなどで急速に広がった反対の世論と運動、野党の共闘と論戦による画期的な成果です。「国民が声を上げれば政治は動く」ことを劇的な形で示しました。

この中で発覚したのが黒川氏の賭けマージャン問題でした。報じたのは『週刊文春』（5月21日発売号）。新型コロナの感染拡大で緊急事態宣言が出されているさなか、黒川氏が都内のマンションで、産経新聞記者2人、朝日新聞元記者の4人で賭けマージャンをしていました。黒川氏は事実を認め、辞職。安倍内閣の支持率は〝危険水域〟といわれる20％台（毎日新聞5月23日調査、27％）に急落しました。自民党幹部はため息をつきました。「政権の〝守護神〟、自分の〝守護神〟として黒川氏の定年延長をしたが、それが逆に政権を追い詰めることになった。皮肉なことだ」

■逃げ切りは許さない

20年4月の桜を見る会を中止せざるを得なかった安倍政権。安倍首相は「私自身の責任で招待基準の明確化や招待プロセスの透明化を検討し、予算や招待人数も含め、全般的な見直しを幅広く意見を聞きながらおこなう」（19年11月20日、参院本会議）と答弁しました。他人事のように発言していますが、疑惑の核心は、首相自身が大量の後援会員を招待していたという公的行事の私物化です。その追及からあの手この手で逃げ回っているのが安倍首相。逃げ切りを許すわけにはいきません。

安倍首相による国政の私物化の一つ、森友学園問題。公文書の改ざんを強要されたとする手記を書き残して自殺した元財務省近畿財務局職員の妻、赤木雅子《まさこ》さんが国と佐川宣《のぶ》寿《ひさ》・元財務省理財局長を相手取り損害賠償請求訴訟を起こしました。大阪地裁の第1回口頭弁論（7月15日）の意見陳述で雅子さんは訴えました。「安倍首相、麻生（太郎財務）大臣、私は真実が知りたい」

メディアの役割は「権力監視」です。調査報道にかかわり、雑誌『世界』のメディア批評では「赤旗にあって大手メディアにないものは『追及する意思』ではないのか」（20年1月号）と指摘しています。取材班はこれからも強い意思で桜を見る会疑惑をはじめ「権力監視」の追及を続けていきます。

補章　「桜」報道の意義

――田村智子日本共産党副委員長、参院議員インタビュー――

「赤旗」日曜版のスクープをきっかけに国政の大問題となった「桜を見る会」疑惑。国会で取り上げ、「首相もタジタジ」（閣僚経験者）の論戦を繰り広げた日本共産党の田村智子副委員長（参院議員）に、疑惑の核心などについて聞きました。（日曜版編集部）

――参院予算委員会（2019年11月8日）の質問が大反響で、疑惑の「火付け役」（文春デジタル）として田村さんのもとにはメディアが殺到しました。

田村　取材で印象的だったのは何人もの記者が率直な反省を口にしたことでした。毎年、桜を見る会に取材に行って、異常になっていく様子、後援会ツアーのようになっていく過程を見てきたのに、問題に気づけなかった。取材に行っていない「赤旗」や、参加していない共産党議員に追及されて〝ハッと気づかせられた〟と言うのです。

安倍政権の7年間で「私物化」政治が当たり前のようになっていた。報道機関も「またやっている」という感覚になり緩《ゆる》んでいた面があったのだと思います。

――私たちはこん身のスクープとして出したのに、当初はまったく注目されませんでした。（笑い）

田村 私が質問した当日や翌日も、大手メディアは大きく報じませんでした。しかし野党が共同して「追及チーム」を立ち上げ（19年11月11日）、ツイッターなどSNSで質問動画の拡散が止まらない状況を見て、翌12日にはテレビのワイドショーが大きくとりあげ、大手新聞もやっと報じるようになりました。

田村智子日本共産党副委員長、参議院議員

桜を見る会は、最初に宮本徹衆院議員が決算行政監視委員会（19年5月13日）で、支出が予算の3倍を超えるまで異常に膨れ上がっていると指摘していたので、私も注目していました。その背景に、首相や閣僚が自らの後援会員を大量に招待し〝おもてなし〟していたことが日曜版の報道で明らかになり、これは安倍晋三首相本人に質問すべき問題だと思いました。ちょうどその頃、閣僚が不祥事で相次いで辞任する事態（菅原一秀《いっしゅう》経済産業相＝19年10月25日、河井克行法相＝同月31日）となり、首相の政治姿勢を問う予算委員会が急きょ設定されて、追及の場を得ることができたのです。

消費税10％の大増税（19年10月）が強行された直後でもあります。「庶民には大増税、国民生活に関わる予算は削減、その一方で、この税金の私物化はいったい何なのだ」という怒りは質問の原点です。視聴した国民のみなさんも同じ気持ちだったと思います。

――立憲民主党の枝野幸男代表がツイッターで「数年に一度の素晴らしい質疑だった」と絶賛しました。自民党閣僚経験者も「田村さんの質問はスキがなく素晴らしかった」と言っています。

田村　質問の準備は、日曜版の担当記者に情報を詳しく教えてもらうことから始まりました。記事になっていないところも含めて、記者は取材で十分に裏を取っています。だから、事実だと確信して安倍首相に質問できるし、ゴマカシやはぐらかしをしても、次々とぶつける事実がたくさんある、絶対に大丈夫と確信しました。また、たくさんある追及材料をどう組み立てるか、議員団のなかでも意見を交換してつくりあげました。

2度目以降の質問も、赤旗の新たな取材、役所から提供される山のような資料を秘書と一緒に目を皿のようにして問題を探し出す作業を繰り返しました。赤旗記者、国会議員団、秘書のみなさんなど、集団の英知と調査能力に支えられた、共産党ならではの国会質問だったと思います。

――桜を見る会の疑惑はどこまで解明できたのでしょうか。今後の追及のポイントは?

田村　一つは、桜を見る会そのものの私物化疑惑です。今年（19年）の招待者1万5000人のうち、過半数が首相ら政権中枢と自民党関係者であることが、野党の追及によってわかりました。首相枠で後援会員が多数招待され、「私人」のはずの妻の昭恵氏も「お友だち」を大量に招待していました。税金でおこなう公的行事の私物化です。

桜を見る会では、飲食物は無料で提供され、お土産まで配られます。それが、事実上の

〝後援会祭り〟になっていた。後援会をもてなすのは、選挙での貢献を期待してのことでしょう。税金を使って、公職選挙法で禁じられている有権者の「買収」をしていたのではないかという疑惑です。

例えば2016年には招待者数が急増し、自民党内では、夏の参院選で改選を控えた議員に多くの招待枠を割り振ったことが明らかになっています。ちょうど参院1人区で、初めて野党が候補者を一本化するのかが焦点になっていた時期です。参院選対策としかいいようがありません。

安倍後援会主催でおこなわれた桜を見る会前夜祭では、首相の政治団体などにこれまで収支の記載がないなど、さまざまな疑惑が明るみに出ています。

安倍首相の虚偽答弁も深刻です。当初、安倍首相は桜を見る会の「招待者等の取りまとめには関与していない」と言い張っていましたが、結局、「事務所から相談を受ければ、推薦者について意見を言うこともあった」（19年11月20日、参院本会議）と修正しました。最初の答弁は、明々白々の虚偽答弁です。

――国会では、悪徳マルチ商法で高齢者を食い物にしていた「ジャパンライフ」元会長が首相枠で招待されていたことも厳しく追及しました。被害者約7000人、被害総額は２０００億円にものぼります。首相からの招待状は、悪徳商法に〝お墨付き〟を与えるようなものです。

田村　その通りです。桜を見る会の疑惑は、より深刻な問題に発展しました。ジャパンライフ元会長宛ての招待状は、もともと共産党の大門実紀史参院議員が国会で追及していたものです。

内閣府が提出した民間企業との契約書を徹底的に読み込むなかで、ジャパンライフ元会長の招待状に記されていた「60」という数字が、実は首相の招待枠を示す番号だったということを発見しました。鳥肌が立ちました。元会長は安倍首相が招待していたのです。この招待状が、お年寄りの老後資金を根こそぎ奪う被害に直接結びついた。これだけでも辞任に値します。

――安倍首相は参院本会議（19年12月2日）で、ジャパンライフ元会長と「個人的な関係はない」と答弁しました。

田村　これも虚偽答弁です。安倍首相の父・晋太郎氏が外相だった１９８４年当時、大臣秘書官だった安倍首相が、ジャパンライフ元会長とともに米ニューヨークを訪問しました。そのことは外務省も認めました。安倍首相と元会長は30年以上前から接点があるのです。

――招待者名簿の廃棄の問題もあります。

田村　政府の情報隠しは本当に重大です。「名簿を出してほしい」と言うと、「廃棄した」「シュレッダーにかけた」と平然と答えるようになりました。宮本徹衆院議員が資料要求（19年5月9日）したわずか1時間後にシュレッダーで廃棄したことも異常事態です。それでもバックアップデータ（予備保存されたデータ）は最長8週間保管されていて、資料要求した時点では名簿の復元は可能でした。しかし「データは公文書ではない」という。行政に保有されている文書は、一内閣のものではありません。時々の政治を記録し検証するためにかけがえのない主権者・国民の財産です。

――「森友・加計」疑惑ではお友だちのために行政を私物化しました。集団的自衛権の行使を容認した閣議決定（14年7月）は首相による憲法の私物化です。今回の疑惑でも「公」を私物化する安倍政権の本質が表れています。

田村　その通りです。安倍首相の〝政府丸ごと私物化〟というべき深刻な事態です。招待者名簿を廃棄する。「ジャパンライフの元会長をなぜ呼んだのか、調べてほしい」と要求しても、「調べない」と完全拒否です。なぜそうなるのか。理由は一つ、「安倍首相がかかわっているから」です。首相に都合の悪いことはなかったことにする。〝政府丸ごと私物化〟による民主主義の危機です。

そういうなかにあっても現状に危機感をもつ、心ある官僚はいます。国会質問では、厳しく追及するだけではなく、「もう終わりにしよう」「行政がまるごと腐敗する。それでもいいんですか」と、官僚のみなさんの良心に問いかける言い方を心がけています。

――田村さんの質問をきっかけに、国会では野党が共同で「追及チーム」を立ち上げました。疑惑が深まるもとで野党議員約70人からなる「追及本部」に格上げされました。田村さんも国会中、「追及チームの田村智子です」と自己紹介して質疑をしていました。野党共闘が国会で新たな段階に入ったように感じます。

「総理主催『桜を見る会』追及本部」で赤旗日曜版を手に質問する田村氏。手前に座る官僚が手にしているのも日曜版

田村　疑惑の調査や追及、作戦会議も含めて野党が一体となって取り組むのは、国会史上初めてだと思います。私も毎日のように追及本部事務局にいって、打ち合わせをしています。情報を野党議員全員で共有する状況がつくられ、野党で共同のビラまでつくりました。

追及本部では、たびたび資料として日曜版の記事が配られています。スクープ内容を説明すると「さすが赤旗ですね」「共産党は取材力を持っている」と評価されます。追及本部メンバーは、首相の地元への現地調査もしましたが、共産党の地方議員団や地元の支部からの情報やアドバイスがあって

こそでした。

私たちが学ぶこともたくさんあります。たとえば民主党政権の経験者、官僚出身の議員は、行政の仕組みがよくわかっているので、政府がごまかせない追及をする、とても勉強になります。

――なるほど。お互いの強みや多様性を生かし合う共闘体制がつくられているということですね。追及本部が機能している背景には何があるのでしょうか？

田村　追及本部・事務局長の黒岩宇洋《たかひろ》衆院議員（立憲民主党・新潟3区）は、前回衆院選（17年）で、ともに街頭演説に立ちました。そのとき私は「くろいわ」コールの音頭もとって応援しました。選挙をともにたたかい、心の通う共闘を経験したことが、信頼関係を生んでいます。追及の真っ最中の19年11月、高知県知事選の応援に入ったら〝追及仲間〟の議員に何人も会いました。

15年からはじまった市民と野党の共闘の積み重ねが、信頼の土台になっています。一緒に選挙をたたかい、ともに安倍を倒そうと頑張ってきた強い思いが、国会共闘の進化の背景にあると思います。

――今後、どう追及していくのでしょうか？

田村　この問題は単なる「スキャンダル」ではありません。〝政府丸ごと私物化〟という日本の民主主義の根幹にかかわる問題です。〝時間がたてば終わり〟とは絶対いかないところまで深刻さが増しています。

安倍自公政権は幕引きを図りたいと思っているのでしょうがそうはいきません。やりますよ（笑い）。一連の疑惑は安倍首相本人の問題で、本人が直接説明しない限り、終わりません。安倍政権を打倒し、それに代わる野党連合政権をどうつくるかという課題がますます重要になってきます。そういう意気込みで頑張っていきたいと思います。

（日曜版２０１９年12月15日号の記事をもとに加筆）

おわりに

私たちの取材を支えてくれたのは、日本共産党の国会議員や地方議員のみなさん、党員、赤旗読者のみなさんでした。野党共闘が発展するなかで、私たちからの取材を受けるかどうか迷っていた関係者を、説得してくれた野党の地方議員もいました。

法律や制度などからの問題点については、多くの識者の方から重要な助言をいただきました。

インターネットのＳＮＳ上でもかつてないほどの激励を頂載しました。ＳＮＳの投稿から取材の少なくない重要なヒントをいただきました。

「真実を明らかにするため」と自民党関係者などが、政治的な立場の違いを超えてわたしたちの取材に応じてくれました。みなさんの勇気ある証言がなければ、私たちが記事を出すことはできませんでした。

私たちの取材を支えてくれたすべてのみなさんに、心からの感謝を申し上げます。

本書は、２０１９年10月から20年5月にかけて、しんぶん赤旗日曜版に掲載した「桜を見る会」記事（19年10月13日号、10月20日号、11月17日号、11月24日号、12月1日号、12月8日号、12月15日号、20年1月12日号、1月26日号、2月16日号、3月1日号、4月19日号、5月31日号）をもとに加筆し、大幅な書き下ろしを加え再構成したものです。

桜を見る会疑惑の取材は、笹川神由、藤川良太、本田祐典、前田泰孝、山田健介（デスク）が担当。国会論戦や田村智子参院議員の対談部分などは竹原東吾《とうご》が担当しました。

これが安倍首相による「桜を見る会」私物化の決定的“物証”だ‼

（2019年〈平成31年〉4月の桜を見る会に向け安倍事務所が作成した文書）

【資料①】『桜を見る会』のご案内

平成３１年２月吉日

各 位

安倍晋三事務所

☎[redacted]

『桜を見る会』のご案内

謹啓、時下ますますご清栄のこととお喜び申し上げます。

さて、本年も下記のとおり総理主催の『桜を見る会』が開催されますので、ご案内申し上げます。

なお、ご出席をご希望される方は、２月２０日までに別紙申込書に必要事項をご記入の上、安倍事務所または、担当秘書までご連絡くださいますよう、よろしくお願い申し上げます。

内閣府での取りまとめになりますので、締切後の追加申込はできませんので、ご了承ください。

記

１．開催日時　　平成３１年４月１３日（土）
AM８：３０〜AM１０：３０

２．開催場所　　新宿御苑

３．主催　　内閣総理大臣（内閣府）

【あべ晋三後援会主催 前日夕食会】（会費制）

○開催日時　　平成３１年４月１２日（金）
PM７：００〜〔予定〕

○開催場所　　ホテルニューオータニ

（注）　安倍事務所の電話とFAX番号を消しています（以下、同じ）。

【資料②】「桜を見る会」参加申し込み

FAX：[redacted] あべ事務所行

内閣府主催「桜を見る会」参加申し込み
平成３１年4月１３日（土）

≪記入についてのお願い≫
※ご夫妻で参加の場合は、配偶者欄もご記入ください。
※後日郵送で内閣府より招待状が届きますので、必ず、現住所をご記入ください。
※参加される方が、ご家族（同居を含む）、知人、友人の場合は、別途用紙でお申込み下さい。（コピーしてご利用ください）
※紹介者欄は必ずご記入ください。（本人の場合は「本人」とご記入下さい。）
※前日の「夕食会」「観光」「飛行機」等につきましては、後日、あらためて参加者の方にアンケートさせていただきます。

紹介者（　　　　　　　　）

	参加者	配偶者
ふりがな 氏　名		
性　別	男　・　女	男　・　女
生年月日	昭/平　・　・　生 （満　才）	昭/平　・　・　生 （満　才）
職業・役職 (例:会社役員、自営業)		
現住所	(〒　－　) ※自宅住所をご記入ください。	
連絡先	(自宅)	
	(携帯)	

〔お問合せ〕 ☎[redacted]（あべ事務所）

【資料③】『桜を見る会』について（ご連絡）

平成３１年２月吉日

各　位

あべ晋三事務所

☎[redacted]

『桜を見る会』について（ご連絡）

この度は、総理主催『桜を見る会』へのご参加を賜わり、ありがとうございます。

つきましては、4月１２日～１３日のスケジュールおよび開催概要をご連絡いたしますので、別紙アンケート用紙にご記入のうえ、期日までにご返信くださいますようお願いいたします。

なお、都内観光ツアーにつきましては、各コースとも人数に制限がございますのでお早目のお申し込みをお願いいたします。

開催概要

○都内観光ツアーについて

Ａ・Ｂ・Ｃの３コースを予定しております。（詳細は別紙参照）

○夕食会について（予定）※開始時間が若干変更になる場合があります

日時　4月１２日（金）　19：00
会場　ホテルニューオータニ
会費　５０００円（18歳以上お一人様）　※当日、受付でお支払下さい。
主催　あべ晋三後援会

○桜を見る会について

① 会場送迎バス　（ ホテル ⇔ 新宿御苑 ）※号車は、後日ご連絡いたします。
　出発時間　７：００　※時間厳守でお願いします。
　出発場所　ホテルニューオータニ
② 総理夫妻との写真撮影は、バス号車ごとに行います。
　送迎バスに乗車されない方は、総理夫妻との写真撮影が困難となりますことをご了承ください。
③ 服装は平服でかまいません。

○招待状について

① 招待状は内閣府より、直接、ご連絡いただいた住所に送付されます。
② ご夫妻でお申し込みの方は、ご主人様宛てとなっております。
③ 18歳未満の方は、保護者宛てとなっております。
④ 代理でのご出席、および再発行はできませんので、ご了承ください。
⑤ 招待状を紛失された方は、身分証の提示が必要となる場合があります。

【資料④】桜を見る会アンケート

FAX.[redacted]（あべ事務所行）　3月8日までにお申し込み下さい

≪申し込み≫ 18歳以上の方、全員に申し込み用紙をお送りしております。

氏　名	（連絡先）		
お子様 （18歳以下）			

桜を見る会アンケート（4月12日～4月13日）

※ 該当箇所に✔印をつけて下さい。

【観光コース】 （4月12日） ※別紙参照	（　）Aコース（　）Bコース（　）Cコース （　）観光コースは利用しない
【夕食会】 日時：4月12日(金)19時～ 会場：ホテルニューオータニ 会費：5,000円　※18歳以上	（　）参加　※会費は、当日、受付でお支払下さい。 （　）不参加
桜会場へのバス利用 （ホテル7:00発）予定	（　）利用する（往復・行きのみ） （　）利用しない
飛行機の手配 （不要の場合も記入）	（　）あべ事務所で手配（往復・帰りを変更） （　）自分で手配
ホテルの手配 （不要の場合も記入）	（　）あべ事務所で手配（宿泊先：ホテルニューオータニ） ※部屋タイプ（シングル・ツイン・ダブル） （　）自分で手配

※諸経費につきましては、下記を参考にして下さい。（お一人様／単位：円）

※金額は、おおよその額です。参加人数等によって変わります。

※12日の昼食代を含んでいます。（A・Bコース）　※旅行会社より後日請求書発行

往復飛行機代＋ホテル代（1泊朝食付）＋移動バス代＋観光施設				桜会場へのバスのみ利用の方
	Aコース	Bコース	Cコース	
3名1室	65,000	64,000	60,000	片道 1,200 往復 2,000
2名1室	65,000	64,000	60,000	
1名1室	79,000	79,000	75,000	

帰りの飛行機を変更される方は、搭乗日と飛行機便、その他ご希望等をご記入下さい。

連泊される方は「桜を見る会」終了後、ホテルまたは現地で解散となります。

【資料⑤】安倍事務所ツアー案

安倍事務所ツアー案（別紙）

コース	A	B	C
4/12 （金）	7:45 宇部空港発　ANA692 9:20 羽田空港着 10:30 築地本願寺　見学 11:50 シンフォニーランチクルーズ （昼食） 14:15 お台場散策（豊洲市場ほか） 15:45 ホテル着 ニューオータニ（泊）	7:45 宇部空港発　ANA692 9:20 羽田空港着 10:30 目黒雅叙園 百段階段 （見学・バイキング昼食） 13:20 浅草寺・仲見世通り　散策 15:45 ホテル着 ニューオータニ（泊）	7:40 宇部空港発　JAL290 9:15 羽田空港着 11:00 カップヌードルミュージアム横浜 見学 12:30 山下公園・横浜中華街 （散策・自由昼食） 15:45 ホテル着 ニューオータニ（泊）
	19:00～　あべ晋三後援会　夕食会 会場：ホテルニューオータニ（会場未定）		
4/13 （土）	7:00～　ホテルニューオータニ　発　※随時出発 7:30～10:30　桜を見る会〔新宿御苑〕　※総理夫妻と記念撮影 11:10　ホテルニューオータニ　着（12:00 チェックアウト）		
	12:40 ホテル　発 13:30 羽田空港　着 （自由行動・昼食） 15:15 羽田空港　発　ANA697 16:55 宇部空港　着	12:40 ホテル　発 13:30 羽田空港　着 （自由行動・昼食） 15:15 羽田空港　発　ANA697 16:55 宇部空港　着	（自由行動・昼食） 14:00 ホテル　発 15:00 羽田空港　着 （自由行動） 16:40 羽田空港　発　JAL295 18:20 宇部空港　着

【資料⑥】桜を見る会「懇親会」についてのお知らせ

平成３１年３月吉日

各位

安倍晋三事務所
[redacted]

桜を見る会
「懇親会」についてのお知らせ

春陽の候　ますますご清栄のこととお喜び申し上げます。
平素より、何かとお世話様になり、衷心より厚くお礼申し上げます。
また、この度「桜を見る会」にご参加を賜わり、ありがとうございます。
つきましては、「懇親会」は下記のとおりでございますので、ご連絡申し上げます。

記

【懇親夕食会】

日時　４月１２日（金）１８：３０～
会場　ホテルニューオータニ
　　　鶴の間　＜宴会場階（ガーデンタワー5階）＞
会費　５，０００円（18歳以上・お一人様）
　　　※当日会場入口にてお支払ください

＜４月１３日・新宿御苑へ直接行かれる方へ注意点＞
○招待状に同封の『受付票』のご持参を忘れないようご注意ください。
○ご招待様ご本人が欠席の場合でも、他の方への譲渡はできません。
　※当日、免許証等で本人確認をする場合があります。
○入苑（受付）は、各門にて８：３０からになります。

【資料⑦】桜を見る会 注意点

桜を見る会 注意点

○７：００集合〈ザ・メイン玄関〉（①～⑧⑪～⑰オータニ）（⑨⑩全日空ホテル）
○案内状、身分証≪保険証、免許証等≫は忘れずお持ちください
○新宿御苑到着後、バス車内にて受付いたします
（車内にて招待者バッジをお渡しいたしますので、胸等の見える場所に着けてください）
（記念品をお渡ししますので、忘れずお持ちください）
○バス降車時には、貴重品等は各自お持ちください
（バスは会場内には留まらず、一旦外に出ますのでお忘れ物の無いようにご注意ください）
○安倍晋三夫妻との記念撮影は、①号車より各号車２グループ（Ａ・Ｂ）に分かれて撮影します
（バスの担当者の指示に従ってください）
（時間に限りがございます。集合写真は事務所カメラのみでの撮影になります）

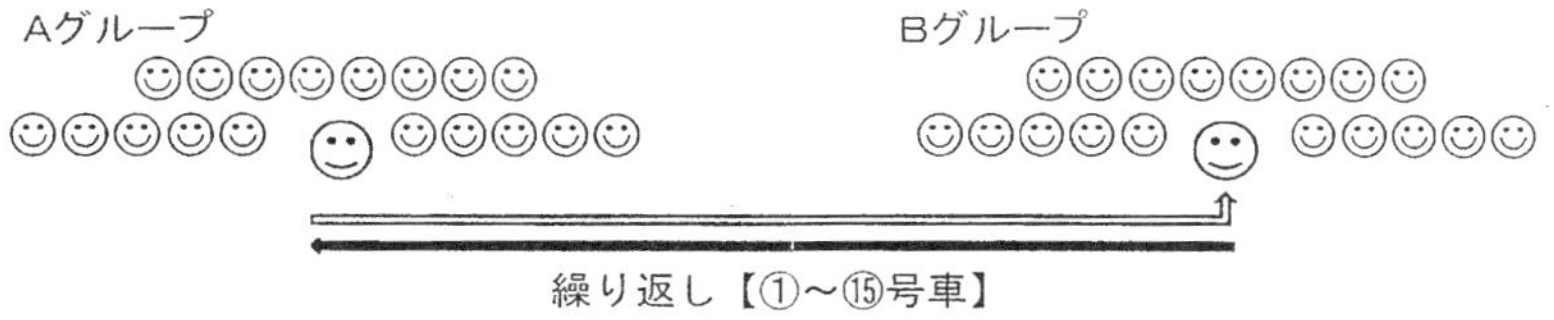

○写真撮影が済まれた方は、苑内をご自由に散策ください
（総理のあいさつは、メイン会場〈9:00 頃〉にて行われます）
○桜を見る会終了後の集合時間は１０：２０とさせていただきます
（バス降車場所までお戻りください）１０：３０出発

【資料⑧】一連の安倍事務所文書に添付された地図

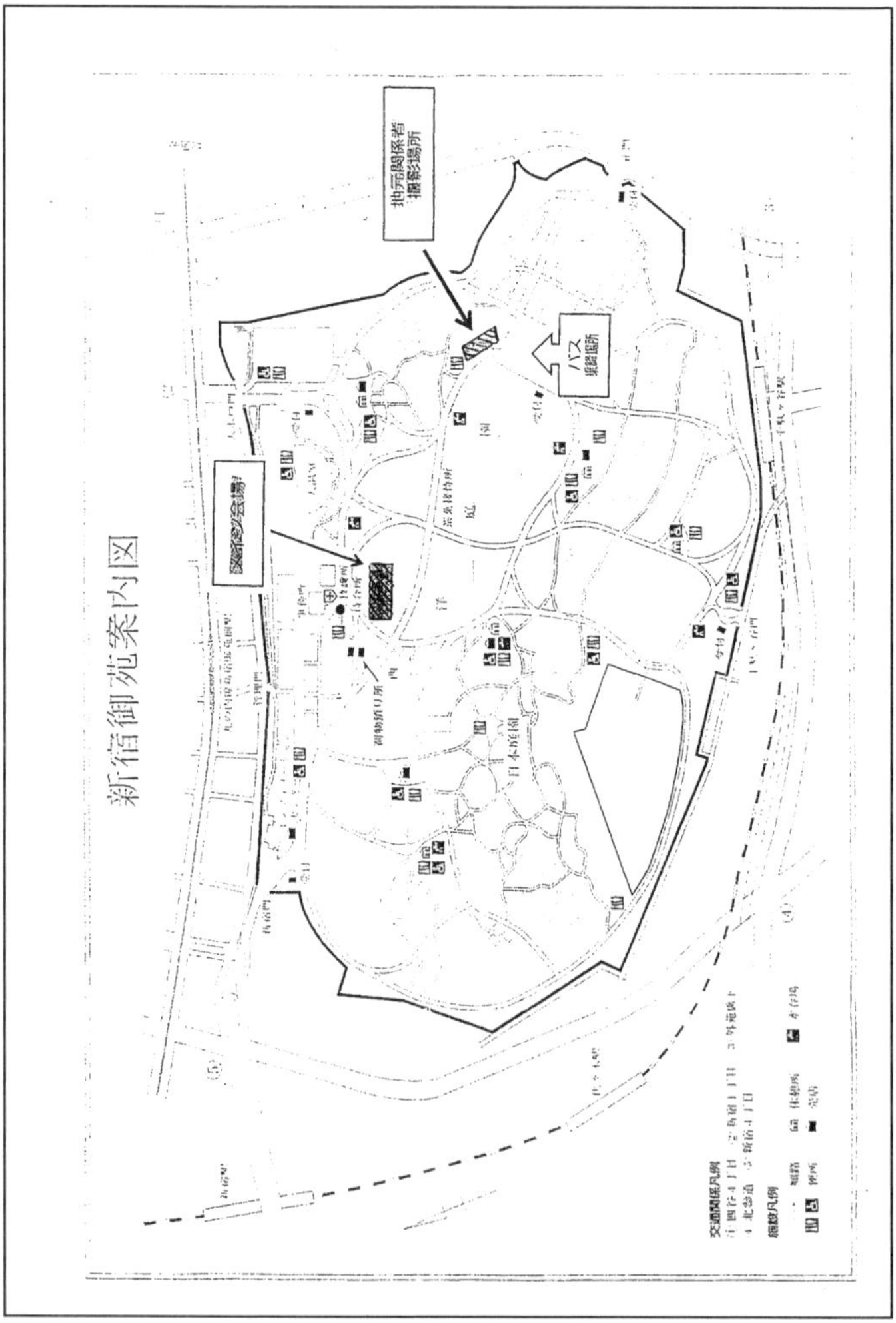

「桜《さくら》を見《み》る会《かい》」疑惑《ぎわく》　赤旗《あかはた》スクープは、こうして生《う》まれた！

2020年9月15日　初　版
2020年9月25日　第2刷

著　者　しんぶん赤旗日曜版編集部
発行者　田　所　稔

郵便番号　151-0051　東京都渋谷区千駄ヶ谷4-25-6
発行所　株式会社　新日本出版社
電話　03（3423）8402（営業）
03（3423）9323（編集）
info@shinnihon-net.co.jp
www.shinnihon-net.co.jp
振替番号　00130-0-13681
印刷・製本　光陽メディア

落丁・乱丁がありましたらおとりかえいたします。

ISBN978-4-406-06491-0　C0031　Printed in Japan